굿바이, 이재명

굿바이, 이재명

장영하 씀

마스크에 표정을 감춘 그 실체를 벗겨 내다!

지우출판

2017년 11월 2일

억울하게 이 세상을 떠난 고 이재선 님의

명예 회복을 간절히 바라면서……

차례

마음의 글

봄이 대지에

따스한 체온을 불어넣듯

지난 10여 년. 저와 아이들에겐 가슴 아픈 슬픔의 시간이었습니다. 도려내고 싶을 만큼 고통의 시간이었습니다. 세상에는 사람의 힘으로 되지 않는 일이 있다는 것을 절감했기 때문입니다. 자신의 열 개 다리를 죄다 잃고도 그 사실조차 모른 채 도망치는, 고통을 모르는 지네였으면 좋겠다는 생각에 침잠해 들기도 했습니다.

사람이 내뿜는 말의 잔혹함과 의중의 무서움, 그리고 그 목적의 치밀함에 남편과 아버지를 잃은 가족이 할 수 있는 일이라곤 '남편의 억울함'의 진실을 알리는 일뿐이었습니다. 그렇지만 아무런 힘도 없고 보호막이 되어 줄 사람이 없는 가운데 남편의 억울함을 알리며 진실을 밝혀내는 일은 요원했습니다. 도와주고자 하신 분들이 더러 계셨지만 슬픔과 절박함의 무게가 저희 가족들과는 달랐습니다.

건물에 갇힌 지친 새는 온몸이 피투성이가 되도록 발버둥이

쳐도 저 혼자는 창문을 열 수 없습니다. 누군가, 아니 그 문을 열어 줄 사람이 문을 열어줘야만 건물을 벗어나 하늘을 훨훨 날 수 있습니다.

이 책 『굿바이, 이재명』은 저희 가족에게 그런 선물이 아닐 수 없습니다. 지친 새가 구석에 웅크리고 있을 때 문을 열어 준 누군가처럼.

처음, 장영하 변호사님께서 이 책을 집필하신다고 하셨을 때 반신반의했습니다. 함께 진술서를 작성하며 많은 자료들을 전달하면서도 '과연 남편의 억울함을 알리는 진실을 전달하는' 책을 만들어 낼 수 있을지 걱정이 한 가득이었으니까요.

한 평범한 가장이었던 제 남편은 단지 정의롭다는 이유로 권력자에 의해 정신병자로 몰렸습니다. 자신을 정신병원에 가두려는 권력자의 음모에서 벗어나는 일은 스스로를 방어하는 일뿐이었습니다. 그런데 스스로를 방어하는 모든 일은 어느 순간 모두 권력자의 먹잇감이 되고 말았습니다. 권력자는 자신에게 줄 선 자들과 함께 평범했던 제 남편은 물론 저와 아이들까지 싸잡아 인격살인에 나섰습니다. 악마가 따로 없었습니다. 그 사이 남편과 저희 가족들의 몸과 마음은 넝마처럼 너덜너덜해졌습니다. 가장 먼저 무너진 것은 남편이었습니다. 참기 힘든 어려운 고통을 수없이 견디다가 인내심에 동이 났습니다. 폐암 4기를 선고 받고 한을 품은 채 허망하게도 아주 먼 길을 떠났습니다. 어느덧 4년이 흘렀습니다.

　부디 이 책의 출간으로 억울하게 돌아가신 남편과 저희 가족 모두의 명예가 회복되길 소망합니다. 그리고 더는 권력을 가진 거짓말쟁이가 영웅이 되는 비극이 생기지 않기를 기도합니다.

　봄이 대지에 따스한 체온을 불어넣듯 진실의 온기가 이 땅에 가득해졌으면 합니다.

박 인 복[01] 드림

01　이재선의 아내이자 이재명의 형수.

시작하는 글

강자의 변명은 대부분 거짓이고,
약자의 항변은 대부분 진실이다

_명진 스님

한 사람의 억울함은 그 개인의 삶만 왜곡하고 매장시키는 게 아니었다. 그 시대를 함께하는 또 다른 가까운 사람들과 가족들도 왜곡되고 매장당한 일은 다반사였다.

살아 있는 권력을 가진 사람이 휘두르는 한 개인에 대한 삶의 왜곡과 매장시킴은 실로 참혹하고 끔찍했다. 조리돌림과 멍석말이에서 끝나지 않았다. 자신이 갖고 있는 권력 앞에 줄을 선 군중들의 심리를 이용해 타깃이 된 개인을 온갖 모략으로 코너로 몰아붙였다. 그리고 끝내 한 사람의 억울한 죽음을 불러왔다. 권력자와 그 앞에 줄을 선 이들은 그렇게 공범자가 되었다.

그렇다면 우리는 위의 문제에 대해 얼마나 진지할 수 있을까. 혹은 얼마나 초연할 수 있을까. 당사자가 아니어도 한 사람의 극적인 삶과 억울함은 분명 우리에게 삶과 죽음에 대한 무거운 질문을 던지며 깊은 성찰의 시간을 안기기에 충분하다.

왜? 죽음이란 것이 두렵기도 하지만 억울한 죽음을 지켜본, 지울 수 없는 상처와 한(恨)을 품은 그의 가족이 여전히 우리의 이웃으로 함께하고 있기 때문이다.

그러한 의미로 나는 『굿바이, 이재명』을 쓰기 시작했다. 그건 감히 살아 있는 권력에 의해 철저히 짓밟히고 뒤틀린 억울한 사람의 이야기를 바로잡아 진실 위에 정의를 세우고자 하는 의도였다. 그러한 뜻을 밝히며 이 글을 쓰기 시작했다. 그리고 살아 있는 권력은 현재 여권 더불어민주당의 대선 후보 이재명이고, 억울한 한 사람은 그의 친형 이재선 회계사이며 또 다른 억울함을 당한 대한민국 국민 한 명 한 명으로 다윗의 이야기다. 결국, 나는 한 개인의 억울함을 바로잡는 과정을 통해서 대한민국의 미래를 위한 지난한 작업을 할 수밖에 없었다.

전과 4범이 인권 변호사이고
대선 후보?

어떻게 전과 4범이 경기도의 성남시장을 연거푸 두 번 8년 동안 하고 경기도지사를 거쳐 현 여권 대선 후보가 될 수 있었을까. 이것이 정상인가. 일반 사람은 전과가 하나만 있어도 공직을 갖기가 쉽지 않은 게 현실이다. 그런데 대한민국 대통령 후보가 전과 4범의 기록을 갖고 있다?

다음은 이재명의 전과 기록이다.

무고 및 공무원 자격사칭

도로교통법 위반

특수공무집행방해 공용물건손상

선거법 위반

이를 두고 김태규 전 부산지법 부장판사는 최근 자신의 페이스북에다 "일반직 공무원은 이중 한두 개의 전력만 있어도 임용 신청 자체를 할 필요가 없다"며 "2022년 대한민국 대통령이 되실 여권 최강 주자의 이력"이라고 직격했다. 이어 "망종이 얼굴 색 하나 안 바꾸고 대권을 꿈꾸는 나라가 되었다"고도 한탄했다. 그만큼 선출직 공직자는 도덕성과 청렴성이 요구되기 때문이다.

더더욱 놀라운 사실은 그 4건의 범죄가 선출직 공직자로 나서는 후보가 갖춰서는 안 될 전과라는 사실이다. 이재명 후보는 자칭 시민운동가였고 변호사다. 시민운동은 권력과의 싸움에서 공정성과 도덕성이 우선시되어야 한다. 그런 시민운동가가 음주운전, 무고, 공무원 자격사칭, 특수공무집행방해 등의 혐의로 범죄를 저질렀다니.

권력의 남용

더 끔찍한 것은 이재명이 성남 시장 때 정신병원에 강제 입원한 시민이 25명이나 된다는 사실이다. 이는 비슷한 시기 비슷한 규모의 고양시에선 단 한 명도 없던 일이다.[02] 물론 성남시의 문제점을 공개 질의했다는 이유로 이재명은 2012년 5월경 친형 이재선을 정신병원에 강제 입원시키려 했다. 이재선과 그의 부인 박인복은 이재명이 권력을 남용하여 이재선을 정신병원에 강제 입원시키려 하는 것에 대한 방어로 대부분의 통화를 녹음하고 기타 자료를 모아서 성남

---

02 이애형 국민의힘 경기도의원이 입수한 자료에 따르면 2010~2018년 이 지사가 성남시장으로 재직할 당시 행정입원된 환자는 25명으로 집계됐다. 이 지사 역시 자신의 페이스북에 "정신보건법에 따라 매년 백 수십 건의 진단과 치료가 이뤄지고 성남시에서도 2014년 이후에만 약 10건의 강제진단과 입원 치료가 이뤄졌다"고 밝힌 바 있다. 당시 비슷한 인구 규모인 고양시의 최성 전 시장은 자신의 SNS를 통해 "재직 8년 동안 시장으로서 간여한 행정입원이 1명도 없다"고 말해 이 지사의 사례와 대조를 이뤘다. 2017년 11월 14~15일 성남시 수정구의 한 정신병원에 응급 입원된 시민 김사랑 씨는 "당시 이 시장에게 시장상권 주차장 신설 예산 문제를 제기했다가 소송에 휘말려 고충을 겪던 차에 온라인에 '억울해 죽겠다'고 글을 올렸다가 경찰관으로부터 강제로 납치되다시피 해 입원됐고, 당시 후유증으로 충격 받아 대외 활동을 제대로 할 수 없었다"며 "이 지사의 형인 이재선 씨 역시 강제입원 시도가 있기 전 이 지사의 부인 김혜경 씨에게 대장동 개발과 유동규 씨 등 측근에 대한 문제를 제기했다고 알고 있다"고 토로했다. 이에 대해 이 지사 측 관계자는 "사회적으로 물의를 빚는 정신질환자를 방치하면 더 큰 혼란을 부르는 것 또한 문제여서 이 지사가 시장 시절 행정입원이 이뤄졌다고 해도 문제 될 건 없다"고 말했다. 경기도 대변인실 관계자도 "정신건강증진 및 정신질환자 복지서비스 지원에 관한 법률 44조에 따라 공동체 안전을 위해 문제가 돼서 당사자와 타인을 위해 정당하게 절차를 이행한 것"이라고 밝혔다. 박성훈 기자, 「이재명 성남시장 때 정신병원 강제 입원한 시민 25명」, 『세계일보』(2021. 10. 12).

시 시의원들과 지역에서 활동하는 언론인들에게 이메일 또는 USB 메모리에 담아 보내면서[03]도움을 청했다. 그 과정에서 이재명은 차마 입에 담기조차 참담한 일을 자행했고 지금껏 이어 오고 있다.

20대 대선을 목전에 둔 2022년의 대한민국

대권 주자로 나선 이재명은 타인의 삶에는 1도 관심이 없다. 오로지 정권과 권력 잡기에만 혈안이 되어 있다. 국민의 삶은 아예 관심도 없다. 내놓은 공약마다 밑줄 긋고 물음표를 붙여야 할 포퓰리즘 공약뿐이다. 그러다 보니 자기편이 아닌 국민 간의 불신은 극에 달했으며, 편 가르기가 도를 넘었다. 그 끔찍한 짓으로 국론은 분열되어 가고 민심은 흉흉해졌으며, 국민 개개인의 자존감이 훼손되는 결과를 초래했다.

위에서 언급한 한 사람의 억울함을 만들어 낸, 자신의 친형 이재선을 죽음으로 내몰았던 이재명, 그가 이제는 전 국민을 상대로 같은 일을 버젓이 벌이고 있다. 이재선을 죽음으로 내몰았

---

03 그때 유출된 녹음 파일이 현재 돌아다니는 것들이다.

던 때처럼 공범자들과 함께.

곰곰이 생각해보면 대개 진실은 복잡하지 않다. 간단한 사실 규명으로 깔끔하게 매듭지을 수 있다. 그럼에도 불구하고 많은 이들이 정치에서의 이해관계에 따라 따로따로 모인 권력이 만든 음모에 얽매이는 경향이 있다. 눈이 잠자리처럼 겹눈인지, 아니면 그런 다초점 렌즈를 이용해 진실을 감추려는 과정이 복잡해서인지. 그러한 사회에선 정직함과 진실은 빛을 잃을 수밖에 없다. 거짓말쟁이가 영웅이 되기 때문이다. 우리는 스스로를 돌아다봐야 한다. 정직함과 진실이 아닌 거짓에 휘둘리지 않을 만큼 강인한 DNA를 갖고 있는지를.

지금 우리에게 필요한 것은 그 어느 때보다 화해와 용서라는 통합이 절실하다. 그러기 위해선 진실 위에 정의를 바로 세우는 일이 급선무다.

이 책은 진실을 감추기 위해 복잡하게 만들어 놓은 것을 간단하게 만들 진실을 찾아 그 위에 정의를 세우기 위한 기록이다. 그 과정에서 다만 한 사람의 억울함과 그 개인의 삶이 왜곡되고 매장된 이야기를 하려는 것이 아니라 개인의 삶이 결코 한 개인의 삶으로 끝나지 않고 사회에 미친 영향과 그 영향으로 사회가 어떻게 뒤엉켰는지를 알려 주며, 뒤엉킨 것을 풀어

내고자 함이다.

이재선을 죽음으로 내몬 것은 이재명이다. 이재명의 편을 들어주면서 같은 가해를 한 국민들은 공범자들이다. 이재선의 가족에게 대못질을 한 국민들 역시 이재명과 함께 공범자들이다. 그러므로 국민들은 이재선과 그의 가족들의 한을 풀어줄 의무가 있다.

짐작조차 할 수 없던 인생의 길이 펼쳐졌던 운명의 그해 2012년 5월, 자기 앞에 놓인 길을 피하지 않고 용감히 걸어갔던 이재선 씨. 그의 삶은 곧 우리의 역사가 될 것이다.

악마를 보았다
I saw the devil

[장면 1] 목줄을 거머쥔

"깜짝이야."

"말이 돼?"

눈앞에 펼쳐진 그림을 본 순간 나는 심장이 멎는 줄 알았다. 2013년 6월 중순경, 나는 유럽의 도시를 돌며 명문 악단의 연주를 감상하는 여행을 다녀온 적이 있다. 그때 연주 중간 중간에 박물관과 미술관에서 전시되는 그림과 유물들을 감상했는데 기겁을 하며 내 걸음을 멈추게 한 그림 한 점이 있었다. 존 하트필드John Heartfield[04]의 '1933년 라이프치히에서의 자유 증인 청문

---

[04] 1891.6.19~1968.4.26 독일 태생의 다다이스트. 본명은 헬무트 헤르츠 펠데Helmut Herzfelde. 1918년 조지 그로스, 라울 하우스만 등과 함께 베를린 다다를 결성, 독일 공산당 창단 멤버로도 활동한 그는 나치 독일을 비판하는 정치적 저항 수단으로 포토몽타주를 사용했다.

회Free Hearing of Witness in Leipzig 1933'라는 작품이었다. 거대 권력자를 상징하는 커다란 손아귀로 사람들을 꼼짝 못하도록 목줄을 거머쥔 풍자 그림이었다. 그 작품을 마주하는 순간 뇌리에는 성남시의 현실이 섬광처럼 스쳐갔다. 악마를 본 듯했다. 그날의 느낌은 지금도 여전히 미진처럼 가슴에 남아 있다. 커다란 손아귀는 이재명 성남시장이고 목줄이 거머잡힌 사람들은 성남시민들로 여겨져 좀체 그것을 떨쳐낼 수가 없었다. 그날 이후 내내.

〈사진 1〉 존 하트필드의 '1933년 라이프치히에서의 자유 증인 청문회Free Hearing of Witness in Leipzig 1933' 2013년 6월 9일 오후 7시 10분. 영국의 미술관에서 직접 촬영함.

당시 내가 풍자 그림을 보면서 악마와 이재명을 오버랩 했던 것은 이 책을 쓴 것과 무관하지 않다. 8년이 지난 지금도 그 생각에는 변함이 없다. 그가 있는 곳에는 일반 사람으로선 알 수 없지만 언제나 권력으로 옭죄는 일들이 끊이지 않고 일어나 시끄러웠다. 또 그 일들을 해결하는 과정이 상식적으로는 도저히 이해 안 되는 결과를 가져왔다.

[장면 2] 그 남자 그 여자

……

"총각이라는데 그 인생 스토리가 참 짠하더라고. 인천 앞바다에서 연인들처럼 사진 찍고 지가 내 가방 메주고 그러면서 데이트했지. 어머, 대선 안 바쁘세요, 하니까 하나도 안 바쁘대. (폭소) 그러고서는 같이 잤지 뭐. 며칠 안 가서. 난 그때 급했으니까. (폭소) 얼마 만인지 몰라 내가 쓸데없이 자존심은 세 가지고 아무리 힘들어도 정말 오랜 세월 혼자 외롭게 보냈거든. 그렇게 나한테 적극적인 남자는 없었어. 진짜 행복하더라. 다 지난일이지만 그때 고마웠어. 여자로서."

그런데 여기서 다시 한번 반전이다.

"그런데 그 새끼가(폭소) 다음 날 아침에 내가 해 주는 밥이라도 먹고 가는 게 내 시나리오인데 바로 옷을 주섬주섬 입는 거야. 그래서 내가 농담처럼 여우같은 처자와 토끼 같은 자식 있는 거 아니에요, 했는데 답이 없네. 하늘이 무너지는 거지. 유부남이었던 거야, 그 새끼가(폭소). 발소리도 안 내고 도망가더라고."

이후 갖은 곡절로 이어지던 줄거리는 그 '남자'로부터 다시는 정치하지 않겠단 약조 받는 것으로 마무리되나 싶다가 결국 그 '남자'가 지난 지방선거에 출마해 당선됐단 걸로 맺음 된다. 후, 숨차다. 듣고 보니 유명 정치인이다. 하지만 실명은 내지 말란다. 그가 가진 권력으로 자신을 괴롭힐 거라고. 그저 말하지 않고선 억울해 견딜 수 없을 것 같아 했단다.

……

김어준, 「매거진 esc」 김어준이 만난 여자… 김부선 "촛불 50번 들었건만 돌아온 건…", 『한겨레신문』(2010.11.11).

[장면 3] 까발려진 그 남자 언어

자유선진당 윤혜연 부대변인이 정신을 잃고 쓰러져 응급실로 후송됐다는 보도가 쏟아졌다. 자유선진당 윤혜연 부대변인은 17일 오전 정상적으로 출근했으나 국회 본청 1층에 위치한 자유선진당 대변인실에서 갑자기 정신을 잃고 쓰러져 급히 여의도 성모병원으로 후송된 것으로 알려졌다. 앞서 지난 15일 윤 부대변인은 일명 '김부선 스캔들' 논란과 관련해 '정치인의 성모럴이 위험 수준'이라는 논평을 내놓아 화제를 모았다.

하지만 논평이 나간 다음 날 한 지방자치단체장으로부터 전화를 받고 약 10분간 막말을 들어야만 했던 것으로 밝혀졌다. 이와 관련해 자유선진당 박선영 대변인은 16일 국회 브리핑에서 "김(부선)씨와 낯 뜨거운 말들이 오고가는 한 지방자치단체장이 오후 4시 30분께 윤 부대변인에게 전화를 해 무려 10분 동안이나 막말과 반말지거리를 했다"며 "어떻게 대명천지에 대한민국에서 이런 일이 일어나느냐"고 말했다.[05]

여군 학사장교 출신인 윤 부대변인은 2009년 6월에 전역한 뒤 2010년 8월 40대 1의 경쟁을 뚫고 자유선진당 부대변인으로 발탁

---

05 박세연 기자, 「뉴스센터」, 『매일경제』(2010.11.17).

돼 화제를 모았었다. 다음은 윤혜연 부대변인의 논평 전문이다.

'정치인의 성모럴이 위험 수준이다'

배우 김부선 씨가 유부남 정치인과 잠자리를 가졌다고 고백해 파문이 일고 있다.

김부선 씨는 "변호사 출신 정치인과 데이트를 즐겼다. 총각이라고 말해 잠자리도 했는데 알고 보니 처자식이 있었다"고 밝혀 충격을 주고 있다. 진실은 곧 밝혀지겠지만 우리 정치인들의 성모럴이 가히 위험 수준이다.

정치인은 분명히 가십거리나 제공하는 시정잡배가 아니다. 또한 시정잡배가 정치를 하겠다고 나선다고 정치인이 되어서도 안 된다. 만에 하나, 김부선 씨의 증언이 사실이라면 대한민국 정치인이 설 자리는 없다. 어느 누구보다도 국가의 미래를 견인해 나갈 우리나라 정치인들이 유부녀를 거짓으로 농락해 잠자리를 같이하고는 줄행랑을 놓았다니!

게다가 김부선 씨는 인터뷰에서 "실명을 거론하면 가진 권력으로 나를 괴롭힐 수 있다. 정치하지 않겠다는 약속을 받고 관계를 정리했는데, 지방 선거에 출마해 당선돼 억울해 견딜 수 없을 것 같아 (고백) 하게 됐다"고 증언하고 있다.

대단히 부적절한 관계를 가진 정치인이 오히려 피해자를 괴롭힐 수 있다는 김부선 씨의 증언에 권력의 비정함과 '정의'의 실종감 마저 느끼게 된다. 이런 정치인에게 '정치하지 않겠다'는 약속을 받고 관계를 정리한 김부선 씨는 나름대로 우리나라의 장래를 염려한, 착하고 정상적인 국민이다.

한데 약속을 어기고 지방선거에 출마해 당선된 정치인은 과연 누구인가? 이미 인터넷에는 그 정치인의 실명이 좀비처럼 떠다니고 있다. 그 정치인은 더 이상 '사생활 보호'와 '명예훼손'이라는 그림자 속에 숨지 말고 진실을 밝혀야 한다. 그래야 용서도 받을 수 있다.

대한민국의 미래를 위해서라도 더 이상 정치판이 더럽혀지거나 흔들려서도 안 된다.
해당 지자체장은 이제 그만 정치권을 떠나라!

2010.11.15.

자유선진당 부대변인 윤혜연

[장면 4] 목적을 위해선 수단과 방법을 가리지 않는

수원지검 성남지청 형사1부 정성윤鄭盛允 부부장 검사는 30일 검사를 사칭해 성남시장과 통화할 것을 공모한 혐의(공무원 자격 사칭)로 '성남시민모임' 기획위원장 이재명李在明(37) 변호사에 대해 구속영장을 청구했다.

검찰에 따르면 이 변호사는 5월 10일 KBS의 '추석 60분 팀' 프로듀서 최모씨(30·구속)가 휴대전화로 김병량金炳亮 성남시장과 백궁·정자지구 용도 변경 과정의 공무원 개입 의혹에 대해 통화할 때 최 씨의 옆에서 용도 변경 문제를 수사한 수원지검 서모 검사를 사칭하도록 유도한 혐의를 받고 있다. 그러나 이 변호사는 혐의 내용을 부인하고 있다.[06]

검사 사칭으로 이재명은 2004년 벌금형을 확정 받았다. 하지만 그는 현재도 억울함을 호소한다. 자신이 검사 사칭을 한 게 아닌, '검사 사칭 전화는 취재진이 했고, 공범 인정은 누명'이라는 해괴한 변명으로.

1년 내내 우물물의 온도는 18도를 유지한다고 한다. 그렇지만 여름에는 우물물이 18도보다 훨씬 더 차갑게 느껴지고 겨울에는 따뜻하게 느껴진다고 한다. 온도계가 언제나 18도를 유지하지만 여름과 겨울에 느끼는 정도가 다르다. 무슨 이유일까? 착

---

06   남경현 기자 「검사 사칭 공모 혐의… 이재명 변호사 영장」, 『동아일보』(2002.6.30.).

오인가?

물론 아니다. 그것은 지극히 주관적인 판단, 말하자면 느낌에 의한 것이다. 어떻게 보고 느끼는가에 따른. 세상을 사는 일도 매한가지다. 세상이 어떠한가가 문제가 아니라 그것을 보는 사람의 주관적인 마음자리에 따라 세상이 어두울 수도, 밝을 수도 있다.

여기, 목적을 위해서는 수단과 방법을 가리지 않는 한 사람이 있다. 정의로운 세상을 정의롭지 못하게 만들고, 살기 좋은 세상을 살기 힘든 세상으로 이끌고 있는 사람. 자신의 목적에 따라 우물물이 18도였다가 19도였다가 1도로 만드는 사람.

우리는 그런 사람을 감정조절장애가 있다고 말한다.

PART 1

이재명의 성남공화국

권력이란 스스로가 도취되어 자기 연민에 빠져서는 안된다. 그뿐만 아니라 다른 사람은 말할 것도 없고 스스로에게도 우아한 냉혹함을 일깨워야 한다. 당연히 '우아한 냉혹'의 덕목을 갖춘 자만이 권력을 가질 자격이 있다. 그런 점에서 이재명은 권력을 가질 자격이 없다. 우아하기는커녕 천박하고 잔인하기 이를 데 없기 때문이다.

인연인가 악연인가

처음 이재명을 알게 된 것은 1989년 무렵이다. 당시 나는 경기도 성남법원 판사로 재직 중이었고, 이재명은 사법연수원을 수료하고 변호사 활동을 시작한 지 얼마 되지 않았을 때였다. 그러고 보니까 그를 알고 지낸 지가 30년이 훌쩍 넘었다.

본격적으로 가까워진 건 2010년 6·2 지방선거 무렵으로 그가 성남시장에 두 번째 출마[07]했을 때였다. 당시 이재명 측에서 내게 도와 줄 것을 요청해 왔다. 그때는 나 역시 판사직을 그만두고 그와 같은 지역에서 변호사 업무를 할 때였다. 내면까지야 속속들이 알 수는 없었어도 동종 업계의 일을 하고 있던 터라 나름 내가 할 수 있는 일에 한해서는 열심히 그를 도왔다.

---

07 첫 번째 출마는 2006년, 낙마했다.

그러다가 내가 이재명에게 물음표를 갖게 된 사건이 있었다. 2010년 지방선거가 끝나고 그가 성남시장에 당선이 거의 확정되던 6월 3일 새벽 6시 조금 넘은 시간에 벌어진 일이었다.

선거사무실에서는 초저녁부터 많은 사람들이 개표가 완전히 끝날 때까지 밤새 성남지역 케이블TV 아름방송ABN의 '성남시장선거 개표 방송'을 지켜보고 있었다. 이재명 당선자 오른쪽으로 김미희 전 민주노동당 의원이 앉았고, 나는 이재명 당선자 바로 왼쪽에 앉아 있었다. 그때 남자 둘이 이재명 앞으로 나오더니 "시장님, 당선을 축하드립니다"라며 넙죽 큰절을 했다. 어디서 술을 마셨는지 두 사람의 입에서는 술 냄새가 진동했다. 순간 이재명은 반사적으로 두 사람을 걷어찰 듯 구둣발을 들어올렸다. 20~30센티미터나 내뻗었다. 물리적인 접촉은 없었다고는 해도 당시 이재명은 몹시 화가 난 표정과 말투로 두 사람을 나무랐다. 딱히 뭐라고 했는지는 경황이 없고 어수선했던 터라 기억이 나지 않지만, 바로 옆에서 지켜본 바로는 분명 이재명은 자신에게 절을 하는 두 사람을 향해 몹시 화를 냈다.

바로 옆에서 그의 돌발적인 모습을 지켜 본 나로서는 짐짓 놀라지 않을 수 없었다. 자기감정을 주체하지 못하는 성격이라 많은 문제를 일으킬 것 같다는 불길한 예감이 들었다. 아니나 다를까. 그때의 내 불길한 예감은 빗나가질 않았다. 감정조

절장애가 분명하다고 얘기될 만큼 그는 지금껏 숱한 문제를 일으키고 있다.

타인의 입장, 타인의 고통은 아랑곳하지 않아

성남시는 매년 체육 행사를 개최한다. 2013년경 가을에는 분당구 체육 행사를 분당구청 앞 잔디 광장에서 개최했다. 그날 나는 체육 행사장으로 들어가는 이재명에게 다가가 인사를 했다. 그랬더니 그가 대뜸 가시 돋친 말을 툭 던졌다.

"요즘 고발장 쓰느라 바쁘겠네요."

그 말을 던진 후 그는 내가 뭐라 대꾸할 겨를도 주지 않고 내빼듯 행사장 안으로 들어가 버렸다. 넘겨짚어 공격하는 그의 성격을 너무나 잘 알고 있던 나로서는 문제의 고발장을 일부러 써 주지 않았다. 성남 지역에서 언론사를 운영하는 모동희[08] 대표가 어떤 건을 문제 삼아 이재명을 상대로 고발한 것을 두고 넘

---

08 언론인. 지역신문 『성남일보』 대표. 이 책 내용의 많은 부분은 그의 취재 내용을 참고했다.

겨짚고 한 말이었다. 나는 모동희 대표에게 법률적 조언을 해 줬을 뿐이다.

모동희 대표는 1995년 성남시민모임 발족시부터 공동 발기인으로 이재명을 적극 도왔던 인물이다. 그런 두 사람이 금이간 것은 돌변한 이재명 때문이다. '인터넷 댓글 실명제'를 적극 반대하던 이재명이 2010년 성남시장이 되자 입장을 완전히 바꿨던 것이다. 댓글 실명제를 해야 한다는 쪽으로.

성남 지역 언론들은 성남시에서 받는 광고비가 전체 매출액의 70~90퍼센트나 차지했다. 지금은 이재명이 중앙 정치인이지만 당시는 거의 성남시에 절대적인 영향을 끼칠 때였다. 성남 지역 언론들에 인터넷 댓글 실명제를 하지 않으면 '광고비를 주지 않겠다'고 하니 성남 지역 언론들은 울며 겨자 먹기로 성남시 방침에 따를 수밖에 없었다.

그렇지만 모동희 대표는 그 방침에 따르지 않았다. 유일하게 거절한 언론인이었다. 그때부터 강직한 모동희 대표는 이재명과 완전히 갈라섰다. 실제로 수입의 대부분을 차지하는 성남시 광고비를 한 푼도 받지 못한 것으로 알고 있다. 당연히 언론사 운영에 어려움을 겪었다.

고발장 사건은 거기에서 그치지 않았다. 2013년경 내가 민주당 분당을乙 지역위원장을 할 때였다. 지역위원장이 되면 곧바로 대의원 대회를 열어 추인追認을 받아야 했다. 나는 같은 당

소속이었던 이재명 성남시장을 찾아가 대의원 대회에서 축사해 줄 것을 부탁했다. 이재명은 그러마고 했고 나는 준비를 했다. 그 후 이해할 수 없는 일이 일어났다. 그런 일이 있을 거라곤 꿈에도 짐작할 수 없었다. 대의원들로부터 뜻밖의 얘기가 들려왔다.

"시청(이재명 시장 측)에서 대의원 대회에 참석하지 말라는 전화가 옵니다."

불길한 생각이 들었다. 그럼에도 불구하고 대의원 대회는 열렸다. 우려와 달리 수행비서를 대동한 이재명이 대회장에 모습을 드러냈다. 문제는 그때부터였다. 이재명을 동행한 수행비서가 대의원들을 향해 눈을 부라리며 따지듯 말했다. '대의원 대회에 나오지 말라 했는데 왜 왔느냐고.'

이재명 수행비서가 그런 말을 했다는 사실을 나는 복수의 대의원들로부터 들었다. 참고로 그 비서는 이재명의 친형 이재선에게 극심한 욕설을 퍼붓기도 했고, 후에 뇌물죄로 구속되어 처벌도 받았다. 현재도 이재명의 대선을 열심히 도울 것이다. 결국 이재명은 나의 대의원 대회를 방해했던 것이다.

어디 그뿐인가. 2013년 역시 내가 분당을乙 지역위원장이었을 때였다. 성남시 수정구에서 당원 행사가 열려서 나는 인근지역 지역위원장 자격으로 그 행사에 참석했다. 이재명도 참석해 축사를 했다. 그는 축사를 하면서 나를 명시하지는 않았지만 누가 봐도 나를 겨냥한 듯한 말을 했다.

"우리 지역 핵심 당직자 중에 나를 겨냥해서 허위사실을 이유로 고발장을 쓰는 등 해당행위를 하는 인사ㅅㅏ가 있습니다."

빼도 박도 못하는 나를 겨냥한 말이었다. 그중 변호사는 나뿐이었다. 덮어씌우기 명수가 아닐 수 없다. 참 치졸하다.

배배 꼬이고 뒤틀린

2013년 11월 말경 야탑역 광장에서 있었던 성남시기독교연합회의 성탄트리 점등 예배 때의 일이다. 일찌감치 도착한 나는 성탄트리 주위로 빙 둘러선 일행들과 함께 예배를 드리고 있었는데 뒤늦게 도착한 이재명이 나와 내 오른쪽의 김복곤 목사 사이로 들어와 자리를 잡았다. 순간 나는 "시장님"하고 부르며 그에게 손을 내밀어 악수를 청했다. 그러자 이재명은 반사적으로 손을 내밀다가 자신을 부른 목소리의 주인공이 나라는 것을 확인하곤 내민 손을 빼고는 부리나케 그 자리를 떴다. 이 광경은 나만 본 게 아니었다. 바로 옆의 김복곤 목사도 똑똑히 목격한 일이다.

성남시장에 재선된 직후인 2014년 6월 27일의 일이다. 성남시 호남향우회가 열렸다. 성남시 호남향우회는 매월 27일 저녁 7시에 열리는 게 관례화 돼 있다. 그날 이재명은 시장 당선 감사 인사를 위해 그 자리에 참석했다. 호남향우회 회장을 역임했던 나 역시 그 자리에 참석했다.

이재명이 회의장을 한 바퀴 돌면서 회원들과 일일이 악수를 할 때에 회원들은 모두 그에게 당선 축하의 덕담德談을 건넸다. 나 역시 악수를 하면서 "시장님, 당선을 축하드립니다"라고 인사했다. 그러자 그가 나와 손을 마주 잡은 상태로 내 눈을 똑바로 들여다보며 이렇게 말했다.

"당선을 축하하고 싶지 않을 텐데요."

황당했다. 그의 성격에 많은 결함이 있다는 것은 직접 확인하여 알고 있었지만 그렇다고 많은 사람들 앞에서 대놓고 덕담을 악담으로 받을 줄이야. 이재명은 자신의 감정에 조금이라도 거슬리거나 마음에 들지 않으면 그걸 도저히 참지 못한다. 그냥 "고맙습니다" 하고 넘어가면 될 것을 나와 손을 맞잡은 상태에서 눈을 빤히 들여다보며 그런 말을 한다는 것은 상식 밖이다. 그로테스크한 일이다.

성남시장 후보 사퇴
회유 사건

이재명이 성남시장 재선에 출마했을 때였다. 이재명과 함께 성남시장에 출마를 준비하던 허재안이란 사람이 있었다. 허재안은 안철수 대표의 새정치당 쪽이었다. 어느 날 허재안 사무실에 조폭으로 보이는 사람들이 들이닥쳐 난동亂動을 부린 일이 있었다. 대부분이 배후로 이재명을 의심했다. 그 후 허재안은 '이재명 후보 핵심 측근 백재기가 자신에게 후보 사퇴를 회유했었다'고 폭로했다. 여러 정황을 종합하면 그 배후가 이재명이 확실시 되었다. 허재안의 후보 사퇴 종용에 이재명의 개입이 있었다고 단정할 순 없지만 어쨌든 정황은 확실했다.

허재안과 백재기는 동년배다. 허재안의 적극적인 도움으로 백재기가 성남시 호남향우회장 선거에서 승리했을 정도로 두 사람이 친하다는 건 성남 지역에서 알 만한 사람은 대부분 알고 있다. 그런데 백재기가 허재안에게 '(성남시장) 출마하지 마라. 성남도시개발공사 사장 같은 자리도 있지 않느냐?'며 출마를 접으면 이재명이 성남도시개발공사 사장 자리도 줄 수 있다는 뉘앙스를 내비치며 설득했다. 이런 사실은 당시 지역 언론에도 크게 보도됐다.

허재안과 친했던 백재기가 허재안과 원수지간이나 마찬가지인 이재명을 적극 돕게 되면서 두 사람 사이는 소원해졌다. 그러던 어느 날이었다. 이재명을 적극 돕던 백재기가 허재안의 후보 사퇴 회유를 위해 허재안과 친분이 두터운 문평식을 찾아갔다. 백재기는 그에게 허재안과의 만남 자리를 부탁했다.

문평식은 자신의 동서가 운영하는 '감미옥' 식당으로 허재안을 불러내 백재기와의 만남을 주선했다. 그 자리에서 백재기는 허재안의 후보 사퇴를 설득했다. 이 내용은 지역 정가政街에서도 거의 아는 얘기다. 훗날 허재안과 문평식은 이런 사실을 내게 직접 말을 했다.

백재기는 2014년 지방선거의 이재명캠프 공동선거대책본부장을 맡았었다. 성남시 생활체육협의회 회장도 했다. 생활체육협의회 회장은 시장의 핵심 측근이 앉는 자리다. 시장의 적극 추천 없이는 갈 수 없는 자리라는 게 성남 지역 정가의 공통적인 견해다. 더구나 백재기가 이재명의 양해 없이 독단으로 허재안에게 성남도시개발공사 사장 자리를 제안했다는 것은 있을 수 없는 일이다. 결국 허재안을 매수하려 한 혐의로 구속된 백재기는 2014년 9월 25일 성남법원에서 징역 1년에 집행유예 2년의 처벌을 받고 석방되었는데 그 후로도 승승장구했다.

이재명은 당연히 관련 의혹을 부인했다. 허재안에 대한 후보 사퇴 회유가 성남 지역에서 논란이 되자 이재명은 2014년 6월 28일 자신의 페이스북에 다음과 같은 글을 올렸다.

새정치민주연합 후보로 출마하려다 저에게 밀려 경선 자격도 못 얻은 허 씨가 탈당 후 성남시장 후보로 출마했다. 그의 예상 지지율은 1%이고, 실제 최종 득표율은 0.8%인데, 유선전화 여론조사로도 앞서던(무선 전화조사 20% 우세, 선거 결과 11%차 압승) 제가 지지율 1% 후보를 매수 시도했다는 게 말이 될까요?

문제는 이재명이 자신의 페이스북에 글을 올리기 직전에 이와 유사한 내용을 카카오톡으로 뿌리면서 나의 명예를 심각하게 훼손했다는 데에 있다. 대략 500여 명에게 뿌린 것으로 추정된다. 지인知人이 그 카카오톡 메시지를 내게 전달해 줬다.

후보 사퇴에 조건을 거는 건 불법이고 지지율 1%대 후보의 사퇴가 의미도 없으며, 저를 죽이겠다고 고소장을 쓰며 해당행위까지 감수하는 장영하 씨와 한패인 허 씨에게 그런 불법 제안을 해 위험을 자초할 이유가 없습니다.

카카오톡과 달리 페이스북엔 나의 명예를 훼손하는 내용은 빼고 올렸다.

실제로 나는 2014년까지 이재명을 상대로 고소·고발장을 쓴 적이 없다. 처음으로 고발장을 쓴 것은 2018년 6월 지방선거 때였다. 그의 친형 이재선[09] 회계사를 정신병원에 강제 입원시키려 했던 직권남용과 검사 사칭, 여배우에 대한 관계 등 허위사실공표로 인한 선거법 위반, 성남FC 뇌물죄 등과 관련해 고발했다. 그러니 이재명의 카카오톡 메시지는 나에 대한 명백한 허위사실을 적시한 명예훼손이다.

결국 나는 그가 일으킨 숱한 문제들 중 허위사실공표죄, 직권남용죄, 성남FC 161억 5천만 원 특가법위반죄(뇌물) 등을 고발해야만 했다. 그리고 이 모든 고발은 지금부터 이야기하려는 이재명의 친형 이재선 회계사의 이야기와 관련돼 있다. 내가 이재명을 고발한 상세한 내용은 9장에서 다루기로 하겠다.

무엇보다 내가 이 문제에 깊숙이 개입하게 된 것은 한 가족의 이야기를 하고자 함이 아니다. 권력을 가진 자가 휘두르는 권력에 그 권력을 부여한 소시민들과 국가가 되레 입을 해를 방지하기 위함이다.

권력을 관리하는 덕목 중에는 '우아한 냉혹'이라는 것이 있다. 이것은 매우 세련되어 더러 사람들에게 감동을 가져다주기도 한다. 우아함이 지나쳐서도 안 되고 그렇다고 냉혹함이 쉽게 드러나서도 안 되는 고도의 기술을 요하는 것이 '우아한 냉혹'

---

[09] 이재명의 친형. 나는 이 책을 쓰며 그가 블로그에 남긴 글과 그의 아내 박인복 씨의 진술서의 도움을 받았다.

이다.

그러므로 권력이란 스스로가 도취되어 자기 연민에 빠져서는 안 된다. 그뿐만 아니라 다른 사람은 말할 것도 없고 스스로에게도 우아한 냉혹함을 일깨워야 한다. 당연히 '우아한 냉혹'의 덕목을 갖춘 자만이 권력을 가질 자격이 있다. 그런 점에서 이재명은 권력을 가질 자격이 없다. 우아하기는커녕 천박하고 잔인하기 이를 데 없기 때문이다.

PART 2

이렇게 시작되었다

기대와 달리 이재명은 다른 길을 갔다. 2010년 7월 13일 모라토리엄 선언 이후, 이재선이 다시 이재명의 성남시에 대한 비판의 글을 쓰기 시작한 건 1년 반만의 일이다. 2012년 2월 21일, 지역신문인 『성남미디어』에서 보도한 기사 하나 때문이었다. 성남시의 '가짜 집회 사주 사건'이었다.

시작된 쇼, 성남시의
모라토리엄

해바라기는 늘 태양 빛을 따라 움직인다고 한다. 이것을 통해 우리는 깨달을 수가 있다. 살아가는 동안 어떤 상황이나 문제를 마주하게 되었을 때 언제나 밝은 쪽, 말하자면 어둠을 품은 결정이 아닌 밝은 결정을 내려야 한다는 교훈을 얻게 된다.

이재선 회계사가 이재명에게 문제를 제기하기 시작한 것도 음지가 아닌 양지의 선택을 하길 바라는 마음에서였을 것이다. 2010년 7월 12일, 이재명은 성남시장에 취임한 지 10여일 만에 뜬금없이 '성남시 모라토리엄moratorium'[10]을 선언했다. 한마디로

---

10 지급유예. 전쟁, 지진, 경제 공황, 화폐 개혁 따위와 같이 한 나라 전체나 특정 지역에 긴급 사태가 발생한 경우에 국가 권력의 발동에 의하여 일정 기간 금전 채무의 이행을 연장시키는 일.

'돈 갚을 능력이 없으니 만기에 도래한 채무를 갚기 어렵다'는
게 모라토리엄이다. 당시 성남시의 재정은 그다지 열악하지 않
았다. 더구나 채권자들도 채무 지급 독촉을 한 적이 없다. 하지
만 이재명은 국토부가 '판교특별회계'에서 빌려 쓴 5200억 원
의 정산을 요구해 와서 어쩔 수 없었다고 했다.

그러자 당시 국토부가 성남시에 보낸 공문을 입수한 이재호
성남시의회 의원이 발끈하고 나섰다.

"국토부 문건 어디에도 돈을 갚으라는 내용은 없다. 다만, 용역
수익을 나누는 방안에 대해 설명하고 있는데 이를 엉뚱하게 국토
부에서 정산을 요구했다고 국민들을 속여서 모라토리엄을 선언
한 것이다."

여기서 짚고 넘어가야 할 부분이 있다. 모라토리엄 선언이 왜
문제인가를 알아야 한다. 모라토리엄은 이재명에게 있어 넓은
의미로 '이재명식 쇼잉Showing(보여 주기)'이다.

그가 당선된 즈음, 취임 전 지방자치단체의 호화 청사가 문
제된 적이 있었다. 성남시도 예외가 아니었다. 새로 지은 시청
사가 함께 구설에 올랐다. 그러자 당선자였던 이재명이 '성남시
신청사를 민간에 매각하겠다'는 발언을 했다. 애초부터 이 발언
은 불가능한 것이었다. 성남시 청사 부지는 협의 매수를 했던,

즉 수용한 땅이었기 때문이다. 수용한 땅은 10년 이내에 용도가 바뀌거나 폐기되면 환매권이 생긴다. 법률상 매각이 불가능한 것은 아니지만 사실상 불가능하다는 게 법률 전문가들의 대체적인 견해다. 따라서 변호사 출신인 이재명이 환매권 때문에 신축된 성남시 청사 매각이 사실상 불가능하다는 걸 몰랐을 리가 없다.

이처럼 이재명은 시장 당선자 때부터 인기를 얻을 수만 있다면 무슨 일이든 내지르거나 저질렀다. 소위 말하는 '사이다 발언'이라는 것도 일종의 보여 주기에 지나지 않는다. 시청사를 매각하겠다고 한 이후 진척된 게 없다는 것이 그 방증이다. 말뿐이었고 완전히 쇼에 불과했다. 이재명의 성남시 모라토리엄 선언 또한 시민과 언론의 관심을 끌면 그만이란 판단이었을 것이다.

그럼에도 불구하고 많은 언론과 시민이 그의 판단에 지지를 보냈다는 것은 곰곰이 생각하고 반성해야 할 부분이다. 다음은 이재호 의원이 입수한 성남시가 국토부로부터 받은 공문의 전문이다.

〈성남판교지구 사업비 정산 및 개발이익 추정 용역 관련 협조 요청〉

1. 성남판교지구 공동시행 기본협약서(2003.9.8.) 및 성남판교지구 사업비 정산 및 개발이익 추정 용역(이하 '용역') 추진과 관련입니다.

2. 적정수익률 등 사업시행자 간 이견이 있었던 사항에 대하여

용역의 결과(적정수익률 8.31%)대로 마무리하여 주시고, 용역의 최종 결과를 우리 부에 통보하여 주시기 바랍니다.

3. 아울러, 성남판교지구 PF사업(알파돔 시티)은 사업 추진에 불확실성이 존재하므로, PF사업 용지가 감정가격으로 매각된 것으로 가정하였을 때의 개발이익도 함께 추정하여 주시기 바랍니다.

끝.

이재명은 당시의 공문 내용이 있음에도 불구하고 2014년 1월 기자회견을 열어 "'모라토리엄의 시작과 졸업'에 관한 진실을 정리하고 그에 맞게 평가되어야 한다"고 말했다. 2013년 1월 발간된 감사원『지방행정 감사백서』내용을 근거로 여전히 모라토리엄 선언이 정당했다고 주장하고 있다. 그러면서 "감사원『지방행정 감사백서』에서 민선5기 취임 당시 성남시의 재정 상황과 그 원인을 정확히 지적하고 있다"며 성남시 모라토리엄 선언의 당위성을 재차 주장했다.

"왜 성남시장이 되었는지요?"

시정과 예산에 관심이 많았던, 이재명의 친형 회계사 이재선으로선 그 부당성을 지적하지 않을 수 없었을 터였다. 누구보다 수치에 밝은 분이니 당시 성남시의 재정이 열악하지 않다는 것을 잘 알고 있지 않았겠는가. 이재선 회계사는 모라토리엄의 부당성을 지적하며 언론과 인터뷰를 하는가 하면 2010년 8월 13일에 성남시 홈페이지 〈성남시에 바란다〉 코너에 "왜 성남시장이 되었는지요?"라는 제목으로 다음과 같은 비판의 글을 올렸다. 성남시를 위해 올바른 행정을 하지 않을 거라면 시장을 그만 두라는 내용의 글들이었다.

- 시장 취임 이후 행보가 정치인의 행보로밖에 보이지 않는다.
- 성남시장으로 출발한 지 1달 반이 지났는데 시장이 도대체 무엇을 하고 있는지 모르는 사람이 많다.
- 무엇을 하려고 성남시장이 되셨습니까?
- 시장은 행정가이기 때문에 국회의원과 다르다. 행정가는 말로 하는 것이 아니라 행동으로 보여 주어야 한다.
- 100만 명이 넘는 시민의 장이라면 개혁을 해야 하는데 적당히 임기를 마치려 한다면 무엇을 하려고 시장이 되었는지 묻지 않을 수 없다.
- 시장이 되기 전에 그토록 비판하던 일을 그대로 한다면 성남 시민들 중에서 누가 좋아하겠는가.

이재선은 비서실 문제를 꼬집는 별도의 글도 올렸다. 정책실장의 나태한 근무 행태를 지적하며 '제대로 연락이 닿지 않는 건방진 공무원'이라고 했다.

이재선의 이러한 비판적 인터뷰가 언론에 보도되면서 뜻밖의 일이 벌어졌다. 그의 회계사 사무실로 여러 통의 협박 전화가 걸려 왔던 것이다. 역대 시장들을 비판해 온 그였다. 한 번도 협박을 받은 적이 없었다. 그런데 이재명을 비판했을 때는 달랐다. 여직원만 있는 사무실로 전화를 하여 30분이나 욕설 등의 협박을 해댄 사람도 있었다.

심지어 이재명의 아내 김혜경도 이재선에게 전화를 걸어 표독스럽게 쏘아붙이곤 했다.

"꼴 좋습니다."
"아주버님, 우리한테 하신만큼 그대로 갚아드리겠습니다."

당시 이재선은 김혜경과의 통화 직후 그의 아내 박인복에게 몹시 불쾌함을 호소했다고 한다. 이재명에게 김혜경을 소개한 사람이 그의 아내였기 때문이다. 그 말을 들은 박인복은 이재선을 설득하기 시작했다.

"여보, 당신이 비판을 하면 시동생이 힘든 부분이 있을 거 아니에요? 잘하겠지, 믿고 지켜봅시다."

이후 이재선은 아내의 만류도 있었고, 자신이 썼던 비판의 글이 「연합뉴스」를 비롯해 20여 개의 매체에서 보도가 되는 바람에 파급이 커진 것을 절감했다. 이재명이 곤욕을 치른 면이 있었기 때문이다. 이재선으로선 일부에서 너무 빠른 감도 있다는 말을 한 측면도 있어서 〈성남시에 바란다〉에 올렸던 글을 모두 내리고 1년 반가량 성남시 홈페이지에 글을 올리지 않았다. 형제간 갈등의 도화선이 된 바로 그 일이 터지기 전까지는.

본색을 드러내다

이재선 회계사는 1995년 출범한 성남시민모임에 이재명과 함께 발기인으로 참여했다. 오성수 시장 재임 기간에는 다른 전문가들과 함께 성남시 재정과 예산에 대한 분석토론회를 개최하여 독선적 시정운영을 견제·비판하면서 전문가 역량을 십분 발휘했다.

김병량 시장이 당선된 후에는 시정인수위원회 인수위원으로 참여해 전임 시장의 독선적 시정을 지적하고 합리적 시정 운영 방향을 제시하는 등 성남시정, 특히 성남시 예산에 관하여 전문가적 관심과 식견을 반영하도록 노력했다. 그 일환으로 언론 등에 비판적 기고를 게재하기도 했다. 이대엽 시장이 시정 비판과 대안을 수용할 그릇이 아니라고 판단한 다음부터는 본연의 공인회계사와 세무사 업무에만 매진했다.

그러다가 2006년[11]에 이재명이 열린우리당 소속으로 성남시장에 출마하면서 이재선 회계사에게 "도와 달라"고 하여 도움을 주었고, 2010년에도 분당 영남향우회 회원들을 중심으로 선거를 도왔다. 이전 시장들에게 날선 시정 비판을 해 왔던 이재명이기에 누구보다 시정을 공정하게 잘할 것을 기대하고 바란 이재선 회계사였다.

기대와 달리 이재명은 다른 길을 갔다. 2010년 7월 13일 모라토리엄 선언 이후, 이재선이 다시 이재명의 성남시에 대한 비판의 글을 쓰기 시작한 건 1년 반만의 일이다. 2012년 2월 21일, 지역신문인 『성남미디어』에서 보도한 기사 하나 때문이었다. 성남시의 '가짜 집회 사주 사건'[12]이었다.

새마을회 손국배 회장이 퇴임하면서 성남시로부터 시청 앞에서 '시의회 예산 정국과 판교(대장동) 주민들의 시위'가 예정돼 있으니 판교(대장동) 시민들이 그 장소에서 시위를 할 수 없게 '새마을회에서 먼저 집회 신고를 해놓을 것'을 요청받았지만 이를 단호히 거절했다는 요지였다. 말하자면 가짜 집회 신고를 요청받은 것이다. 이재선은 손국배 회장의 발언 중 다음 내용에

---

11 이재명이 처음으로 성남시장에 출마. 이재명은 이 선거에서 낙선했다. 이대엽 시장이 당선 됨.
12 곽효선 기자, 「손국배의 화려한 봉사」, 『성남미디어』(2021.02.21).

주목했다.

> 나는 정치에 무관하고, 단체장의 선의 협력자는 될 수 있지만 그의 졸개는 아니다. 단체장은 주민의 손으로 뽑는다. 뽑힌 단체장은 독재자처럼 행동한다. 그 독재자는 민주주의를 하나의 껍데기로 생각한다. 아직도 구태를 벗어나지 못했다는 것이다. 민주주의가 순수한 봉사단체에까지 미치기엔 오랜 시간이 걸릴 것 같다.[13]

성남시장 이재명이 '임기가 남은 인사를 쫓아낸 것'과 '가짜 집회'를 사주한 것이 골자였다. 새마을회 손국배 회장은 성남시가 시청 앞에서 꾸준히 집회를 벌이던 판교(대장동) 주민들을 막고자 새마을회를 끌어들여 집회 마찰을 빚는 단체가 아닌 관변 단체가 가짜 집회 신고를 해 주기를 원했다고 했다. 그렇지만 그는 성남시 요청을 받아들여 단체의 예산을 확보하는 것보단 추운 날씨에도 미금역(실제로는 오리역) 농협하나로 마트 광장에서 불우이웃돕기를 위해 김장하는 봉사를 하는 것이 '진정한 봉사'라고 덧붙였다. 이재선은 손국배 회장의 말에 충격을 받았다.
　더욱 놀랐던 것은 그것을 거절한 새마을회 회장이 성남시에

13　각주 12와 동일.

의해 자리를 내놓게 된 사실이다. 이재명이 평소에 인권변호사라고 하며 '시민이 행복한 도시, 시민이 주인이 되는 도시'를 표방하더니만 어떻게 그럴 수 있는지 개탄했다. 이재선은 다시 시청 민원 게시판에 글을 올리기 시작했다. 손을 놓고만 있을 수 없었다. 이미 마음에 병이 들어버린 이재명에게서 처음의 동기가 사라져 버린 것을 감지했다. '이런 시장은 성남시에서 일할 자격이 없다'는 생각으로 "이재명 성남시장은 시장 자격이 있는지요?"라는 제목으로 시리즈 글을 다시 올렸던 것이다. 성남시 모라토리엄 사건 이후 1년 반 뒤의 일이다. 갈등이 다시금 깊어지기 시작했다.

〈표 1 〉 성남시 민선 역대 시장

기수	이름	재임기간
1기	오성수吳誠洙	1995. 7. 1 ~ 1998. 6. 30
2기	김병량金炳亮	1998. 7. 1 ~ 2002. 6. 30
3기	이대엽李大燁	2002. 7. 1 ~ 2006. 6. 30
4기	이대엽李大燁	2006. 7. 1 ~ 2010. 6. 30
5기	이재명李在明	2010. 7. 1 ~ 2014. 6. 30
6기	이재명李在明	2014. 7. 1 ~ 2018. 3. 14
7기	은수미殷秀美	2018. 7. 1 ~ 재임 중

"형님이 내 앞길을 망칩니까?"

2012년 3월 27일 오후 4시 10분경, 급기야 이재선은 직접 성남시청 비서실을 방문하기에 이른다. 지난 1달여 동안 성남시청에 40여 건의 시정을 비판하는 글을 올렸는데 7일 이내에 답을 하게 돼 있음에도 답이 없고, 오히려 성남시 시설관리공단 유동규 본부장으로부터 고소를 당했기 때문에 자신의 민원이 이재명에게 보고되고 있는지를 확인하기 위한 차원이었다.

그가 비서실로 들어서려는 찰나, 한 사내가 그를 저지하고 나섰다. 이름을 묻자 그는 "이름이 없습니다"라는 황당한 대꾸를 하며 이재선에게 밖에서 기다리라고 했다. 어느 공무원이 이름을 묻는 시민에게 그런 대꾸를 한단 말인가. 이름이 없다니? 나중에 언론에 실린 사진을 확인하니 그 이유를 알 수 있을 것 같았다. 그와 함께 있던 무리들이 공무원은 아닌 듯했다.

어이가 없던 이재선은 10분쯤 있다가 이재명과의 면담을 신청하기 위해 시의회 사무국으로 발길을 돌렸다. 이 역시 사전에 면담 신청이 없으면 안 된다고 하여 시장 비서실에 전화를 걸었다. 백미홍이라는 직원이 받는데 이재명의 형이라는 것을 확인하고는 이내 전화를 끊어버렸다. 몇 번이나 이재명과의 통화를 시도했지만 실패했다. 면담 신청조차도 바쁘다는 핑계로 거절되었다.

다음 날 아침, 이재선은 다시 백미홍에게 전화를 했다. 그녀는 또 전화를 끊어버렸다. 3번이나 전화를 했는데 백미홍은 전화기를 잠시 들었다 놓을 뿐 이재선의 전화를 받지 않았다. 한 번은 남자 직원이 전화를 받더니 바로 끊어버렸다. 이재명이 직원들에게 '형에게서 오는 전화는 받지 말라'는 지시를 내리지 않고서야 어찌 그런 짓을 하겠는가.

그 순간 이재선은 15년 전의 기억 하나를 소환했다. 이재선이 회계사 사무실을 개업한 지 얼마 지나지 않았을 때였다. 당시 그는 성남시 전 시장이었던 오성수가 관련된 『우리신문사』의 기장대리를 맡고 있었다. 어느 날 그 신문사 편집장이 자신의 매체에다 '이재명이 앞으로 칼럼을 쓴다'는 것을 이재선에게 귀띔했다. 편집장은 이재선의 선배이기도 했다. 그 말에 이재선은 "이재명이 오성수 전 시장과 관계도 좋지 않고, 경험도 없는데 그럴 필요가 있겠느냐"며 조언한 적이 있다. 그 사실을 알게 된 이재명이 이재선에게 전화를 해서 따지듯이 말을 했다.

"형님이 내 앞길을 망칩니까?"

일반적으로는 그 상황에서 전화를 해서 따지듯 물을 것이 아니라, 먼저 부탁을 하거나 아니면 다른 방법으로 형의 의도를 묻지 않았을까 싶다. 15년 전이나 시장이 된 당시나 바른 말에 대해 이재명은 들을 준비가 돼 있는 사람이 아니었던 것 같다. 물론 이후 10여 년이 지난 지금도 마찬가지다.

언제나 그렇듯 사정은 겉으로 보이는 것보다 훨씬 더 복잡했다. 이재선과 이재명의 관계는 점점 등나무 꼬이듯 배배 꼬여 가기만 했다.

이후 이재선은 앞서 40여 개의 민원 글에다 38개의 민원 글을 더 성남시에 올렸다. 여기에는 시설관리공단 본부장의 전문성과 인사 문제, 이재명의 참모 검증, 공무원 선거 개입, 롯데백화점 분당점 통로에서 불법 상행위를 방치하는 문제, 5000억 원 개발이익 및 재정수익 효과를 얻었다며 홍보한 근거, 백아연[14] 관련으로 누가 각 동 주민자치위원회에 플래카드를 걸게 하고 문자를 보내 백아연을 지지하라고 했는지, 성남시 시설공단 노조 간부 해고 문제, 백종선 수행비서 문제, 경기동부연합 문제, 좌파 신문에 대한 광고비 지원 3대 문제점 등이 포함돼 있다. 거기에 요즘 들어 세상을 떠들썩하게 만들고 있는 대장동 문제까지.

이재선은 대장동 개발에 대해 이재명이 2005년과 2012년의 입장이 달라진 이유를 물었다.

---

14 이재명의 수행비서 백종선의 딸. 2012년 SBS 방송국 'K팝스타'시즌1 오디션 프로그램이 진행되는 동안 성남시의 대대적인 홍보가 뒷받침됐다. 프로그램에서 최종 3위로 입상해 가수로 데뷔했다.

다음은 이재명이 2005년에 자신의 블로그에 올린 글과 '성남 도시개발공사' 설립을 주관하던 유동규 성남시설관리공단 기획본부장의 「MK 뉴스」와의 2012년 4월 26일자 인터뷰 기사다. 이재명은 자신이 내뱉은 말을 언제든 눈 하나 꿈쩍하지 않고 뒤집기의 명수였다. 그때나 지금이나.

2005년 대장동 개발에 대한 이재명의 생각

분당의 '지속가능한 발전'과 '삶의 질'

-개발과 파괴로부터 보전과 관리로-

http://blog.naver.com/snhope/20204522

나는 정자동의 타워팰리스, 파크뷰와 같은 거대한 성곽을 지날 때마다 가슴이 아프다. '백궁, 정자지구 용도 변경(파크뷰 특혜 분양) 저지 공동대책위원회'를 하면서 분당의 도시환경을 지키려고 했던 희망은, 우여곡절 끝에 건축면적을 절반가량 줄이는 정도에서 멈춰야 했고, 오늘에 이르러 다시 '분당주상복합연합회 소음대책위' 분들과 함께 주거소음을 고민해야 한다는 게 안타깝다. 이미 당시에도 아파트 부지로 용도를 바꾸는 것에 반대한 이유 중의 하나가 '주거에 부적합할 정도의 소음'이었기 때문이다.

지금도 대장동은 고급주택지로 개발한다며 파괴되고 있고, 율동

굿바이, 이재명 ───

은 스프츠타운 건설, 금곡동은 골프장 건설, 사송동은 자동차집적시설 추진, 이런 식으로 녹지훼손이 이어지고 있다. 자연형 하천으로 복원한다는 탄천변에는 각종의 인공시설물이 닥지닥지 들어서고, 구미동은 마을도로에 용인의 고속화도로를 연결시켜 주민들이 괴롭힘을 당하고 있다. 거의 10리에 이르는 백궁 정자 지구에는 단 한 평의 녹지공원이 없는데도, 하나뿐인 시유지는 기업에게 매각되어 고층건물이 들어선다. 주변의 숲은 사라지고 과밀개발로 분당은 회색도시로 변해가고 있다.

도시환경이란 한번 파괴되면 지속적으로 우리의 삶을 괴롭히고, 새로운 문제들을 파생시킨다. 1987년 '환경과 발전에 관한 세계위원회(WCED)'가 지속 가능한 발전의 개념을 '미래 세대가 그들의 필요를 충족시킬 능력을 저해하지 않으면서 현 세대의 필요를 충족시키는 것'이라고 정의한 데서도 알 수 있듯이, 우리 세대는 물론 자라나는 어린이가 도시환경파괴와 난개발의 가장 큰 피해자이다. 국민건강보험공단에 의하면, 아이들 4명중의 1명이 아토피, 알레르기 천식 등의 질환을 앓고 있다고 한다.

현재의 분당은 "천당 위의 분당"이라는 자부심은 없어 진지 오래고, 좀 더 삶의 조건이 좋은 판교로 이사하겠다는 분들이 많아지고 있다. 그렇지만 우리는 아름다운 산과 탄천을 배경으로 물고

기와 다람쥐, 왜가리들이 우리 가족과 이웃들과 한데 어우러져 멋진 하모니를 이루는 아름다운 분당으로 만들어 가야 한다.

이를 위해서는 '사송동, 대장동, 금토동, 율동, 여수동' 등 많은 곳에서 개발의 이름으로 기획되고 있는 녹지훼손을 막고, 시가지 내의 과밀개발을 억제해야 한다. 그리고 '고속화도로'를 구미동의 '마을도로'에 연결하는 것과 같이, 주변지역의 난개발에 따른 기반시설 부담을 분당으로 전가하는 것도 억제되어야 한다.

이제 환경파괴와 주거환경 훼손을 수반하는 무분별한 개발지상주의에서 환경보전과 삶의 질을 중시하는 것으로 도시정책의 기조가 바뀌어야 한다. 특히 분당은 도시주변의 개발과 녹지훼손, 과밀개발, 인근도시의 난개발이 가져온 부정적 효과로 인한 도시환경 침해가 매우 크게 나타나고 있다.

분당의 도시환경을 지켜내기 위해서는 주민들의 관심과 노력이 절대적으로 필요하다. 개발과 파괴에 대한 욕구는 큰 반면 보전에 대한 목소리는 낮기 때문이다. 보전에 대한 주민들의 관심과 의지가 개발주의자들의 목소리보다 커야 정책 결정자들이 주민들의 요구를 따르게 된다. 분당처럼 잘 계획된 도시에서는 개발로 인한 이익은 크고 소수에게 집중되는 반면, 피해는 전주민이

굿바이, 이재명 ──────

광범위하게, 느끼기 어려울 정도로 나누어 부담하게 된다. 이제 주민의 시대가 열리고 있다. 분당의 도시환경, 삶의 조건은 주민들 스스로 지켜 나가야 한다.

- 분당도시환경지키기운동본부준비위원장 이재명(변호사)

2012년 대장동 개발에 대한 유동규의 MK 뉴스와의 인터뷰

판교 밑 '남판교' 주민들 수억씩… 팔자 고치나

미니신도시 예정지 성남 대장동 '남판교' 가보니…

남판교에 5,000가구 미니신도시

성남 도시개발공사 설립… 재정난 타개 위해 [15]

판교신도시 남쪽으로 1km 떨어진 성남시 분당구 대장동 일대에 100만m² 규모 미니신도시가 조성된다.

성남시가 성남도시개발공사를 설립해 민관 합동으로 옛 대장지구 예정지에 '남판교 도시개발사업'을 추진하고 있는 사실이 확인됐다. 사업 규모는 3조원대 후반으로 최근 침체된 부동산 시장 분위기를 감안하면 초대형 도시개발 프로젝트다. 땅값만 1조 원

---

15 「MK 뉴스」, 2012. 04. 26.

선에 달한다.

성남 도시개발공사 설립을 주관하고 있는 유동규 성남시설관리공단 기획본부장은 25일 매일경제와 단독 인터뷰하면서 "수년간 표류하던 사업을 민관 공동 개발 방식으로 추진함으로써 성남시와 민간이 윈/윈할 수 있는 모델을 만들겠다"며 "지역 주민들도 이 같은 개발 방식을 반기고 있다"고 말했다.

정식 개발안은 도시개발공사가 정식으로 설립된 이후 확정될 계획이지만, 아파트 단독주택 등 약 5,000가구가 들어설 것으로 알려졌다. 계획이 순조롭게 진행된다면 이르면 내년 상반기께 일반 수요자에게 아파트 분양이 가능해 보인다.

사업은 수익성을 극대화하는 방향으로 진행된다.

유동규 본부장은 "임대주택 등을 직접 짓기보다는 사업성을 충분히 검토해 개발에서 생긴 이익으로 성남시 전체의 공익적인 사업을 진행할 수 있는 방향으로 추진할 것"이라고 밝혔다.

지난 19일 입법예고된 '성남도시개발공사 설립 및 운영에 관한 조례'가 5월 성남시의회에서 상정돼 통과되면 도시공사 설립과 함께 성남시설관리공단이 합병될 예정이다.

굿바이, 이재명 ——

무리한 사업 추진으로 성남시의 부채가 늘어날 수 있다는 우려에 대해선 "빛을 내면서도 추진할 수밖에 없는 공익사업들이 있지만 하남시의 경우 하남시도시개발공사와 민간 기업이 협력해 특수목적회사(SPC)를 설립하고 사업을 효과적으로 추진하면서 오히려 시 재정 상태가 좋아졌다"며 "특히 성남시는 입지가 좋아 과도한 사업만 벌이지 않는다면 주민에게 충분히 이익을 돌려줄 수 있을 것"이라고 말했다.

성남시는 도시개발공사 설립 후 남판교 미니신도시 사업뿐 아니라 위례신도시 분양 등에 참여할 계획이다. 이를 통해 2년 전 모라토리엄을 선언할 정도로 어려움을 겪었던 성남시 재정을 정상화시키겠다는 것이다.

대장 지구는 판교신도시에서 불과 1km 정도 떨어져 있고, 분당신도시도 가까워 서울 강남권 고급주택 수요를 끌어들이는 데 최적의 조건을 갖췄다는 평가를 받아온 곳이다.

하지만 잇단 글로벌 위기와 부동산 경기 침체로 개발사업이 8년 이상 질질 끌면서 개발 주체와 청사진이 몇 차례나 바뀌었다.

2005년 성남시와 당시 대한주택공사(현 LH)가 '한국판 비벌리 힐스'를 만들겠다며 고급 주거지로 개발을 추진하다 무산됐다. 개발계획이 사전에 유출되며 투기 바람이 불자 당시 건설교통부가 개발 계획을 중단하고 개발행위허가제한구역으로 묶었다. 땅에 대한 재산권 행사가 어려워지자 2008년 대장동 주민들은 '대장동 도시개발사업추진위원회'를 결성해 민간도시개발 사업을 추진했다.

LH 역시 자체적으로 사업을 재추진하겠다며 사업제안서를 성남시에 제출해 공영 개발이냐 민간 개발이냐를 놓고 오랜 갈등을 빚었다. 2010년 LH가 '도시개발지구 지정 제안' 철회를 선언한 이후 표류하던 이 사업이 2년 만에 민관 공동 개발사업으로 추진하는 방안이 확정된 것이다.

이 지역은 우계 이 씨와 전의 이 씨 종중에서 각각 29.57%(900여 명)와 18.77%(700여 명)의 토지를 소유해 거의 절반에 가까운 토지를 보유하고 있고, 원주민이 18.05%(270여 가구)를 보유하고 있다.

이 지역에서 실제 거주하고 있는 가구는 400가구 안팎이며, 땅값은 3.3㎡당 수백만 원에 달한다.

주민들 개발 기대도 높다. 이상락 대장동 도시개발사업 주민추진위원장은 "그간 대장동 개발사업이 지지부진해 10년간 재산권을 행사하지 못하며 주민의 원성이 높았다"며 "도시개발공사 설립과 함께 민관 합동으로 사업을 진행할 수 있게 돼 다행"이라고 말했다.

민간 부문 업무를 담당하는 남욱[16] 판교프로젝트금융투자(PFV) 대표는 "앞으로 조례안이 통과되면 성남도시개발공사, 주민추진 위원회와 협의해 빠른 도시 개발이 이뤄질 수 있도록 협조할 것" 이라고 밝혔다.

위 2005년도의 이재명 글과 아래의 2012년 유동규 인터뷰 기사는 상반되는 내용이다. 2005년에는 도시환경 파괴라며 대장동 개발을 극구 반대하던 이재명이 2012년, 당시 존재감이 별로 없던 유동규를 내세워 대장동 개발에 나섰던 것이다. 그렇지만 이재명은 2005년과 2012년의 생각이 달라진 이유를 설명하지 않았다. 더구나 2012년에 대장동 개발을 시작하면서 성남시가 5000억 원의 개발이익[17]효과를 냈다며 플래카드를 걸고 대대적인 홍보를 했는데 당시 성남시는 5000억 원의 개발이익의 근거를 내놓지 못했다.

한편, 2021년 이재명이 대선 후보가 되면서 터진 대장동 스캔들은 점입가경이다. 이재명은 2012년에 대장동의 개발로 성남시의 이익을 발표했지만 2021년 현재, 수조 원의 개발이익상당 부분이 자기 측근들의 몫으로 돌아갔다. 이 부분은 반드시

---

16 2021. 11. 22 대장동 개발 특혜 및 로비 의혹으로 구속 기소된 변호사.

17 이 부분에 대해 나는 2018년, 공직선거법 위반으로 이재명을 고발했다.

특검을 통해서 밝혀내야 할 부분이다.

사라진 민원 글

　　　　　　　　　이재선이 성남시에 78개의 민원 글을 올렸는데 하루아침에 사라지는 황당한 사건이 발생했다. 시청 측에서 스크린 처리를 해 버렸다. 일방적인 조치로 민원인과 시민들이 볼 수 없게 만들었다. 누구의 지시로 그런 짓을 했는지는 뻔한 일이었다. 몹시 화가 난 이재선은 2012년 5월 19일 오전에 가천대학교 운동장에서 진행된 운동회에 갔다가 참석했던 성남시 공무원들에게 경고의 메시지를 날렸다.

"영화배우 김부선 건의 진실을 다룰 테니 대응할 준비를 하시지요."

이재선의 김부선 언급에도 이재명으로부터는 연락이 없었다. 혹시나 싶어 먼저 전화를 건 것은 이재선이었다. 몇 차례 전화를 걸었지만 받지를 않다가 예닐곱 번쯤 신호가 가고서야 전화를 받았다. 이재명의 수행비서 백종선이었다. "이재명이 어디 있느냐"는 이재선의 질문에 백종선은 '행사 중'이라고 했다. 전화를 바꿔 달라는 이재선의 말에 백종선은 단호히 '안 된다'라고 했다. 대개는 그런 상황에선 '전화를 받을 수 없으니 당사자에게 전화를 하라고 하겠다'라고 하던가, '메모를 남기면 전달하겠다'라는 멘트가 나와야 정상이다. 백종선은 기본 태도가 돼 있지 않았다. 이재선은 그의 불손한 태도에 몹시 화가 났다고 했다.

더구나 이재명의 행태에 상당히 격앙돼 있었던 이재선이었다. 순간 어떤 시민이 〈성남시에 바란다〉 코너에 올렸던 '백종선의 딸 백아연 K팝스타 플래카드' 건이 생각난 이재선은 백종선을 향해 말을 던졌다. "요즘, 플래카드가 문제던데요? 공무원이면 이런 일을 누가 아부하려고 걸었더라도 이를 말려야 하는 게 아닌가"라고 했더니 백종선이 발끈했다.

자신의 딸을 거론했다며 흥분하여 이재선을 '죽이겠다'고 달려들었다. 이재선은 그날 백종선으로부터 문자 1개를 받았다. 비극은 그렇게 시작되었다.

PART 3

범죄, 그날의 재구성

임기가 남은 단체장을 측근으로 교체하는 과정이나, 자신의 수행비서 딸을 위해 세금까지 써 가며 절대 공정하지 않은 일을 벌이는 사람이 여권의 대권 주자인 우리의 현실. 참담하다.

누구나 갖고 있는 가족사

이재명은 입만 열면 '슬픈 가족사'를 언급했다. 마치 아주 오래 전부터 정치에 관심이 많았던 이재선 회계사가 성남시장이 된 동생 이재명에 대한 열등감과 질투심에서 빚어진 갈등인 듯이 자신에게 쏟아진 비난을 피해 갔다. 악의적이었다. 이재선은 성남시에 비판만 할 뿐 정치에는 관심을 두지 않았다.[18]

이재명은 그의 형 이재선과의 갈등이 있었고, 이재선이 정신병 치료를 받은 것처럼 쇼를 했다. 하지만 이 부분에는 일부만 사실이고 나머지는 사실이 아니다.

그 시절, 가난을 겪지 않은 사람은 거의 없다. 나만 해도 전북 정읍의 한 시골 마을에서 10남매 중 막내로 태어났다. 시골

---

18 이재선 씨의 딸, 이주영의 증언.

마을에서 농사를 짓고 10남매를 키우며 살았던 부모님의 삶이 어떠했을지는 대부분이 짐작할 수 있을 것이다. 그래도 언제나 '남에게 피해 주지 말고 살아라', '선하게 살아라'라는 부모님의 가르침 속에 주어진 환경을 부정하지 않고 내가 할 수 있는 노력을 하며 여기까지 올 수 있었다. 그 정도의 아픔과 사연이 없는 사람은 별로 없다는 얘기다.

이재명 역시 경북 안동의 깊은 산골에서 5남 2녀 중 다섯째로 태어났다. 초등학교를 마치고 부모님과 함께 성남시로 이사했다고 했다. 그렇지만 살기 위해 가족 모두가 함께 고향을 떠나는 삶은 그 시대 그만 겪는 삶의 조건은 아니었다. 당시 성남이란 지역은 서울시 청계천과 철도변의 판자촌 주민들을 강제 이주시켜 형성된 곳이었다. 대부분이 힘들었지만 열심히 살아야 할 희망의 땅이기도 했다.

이재선 회계사가 박인복과 결혼한 직후에는 성남시 상대원동[19]에서 가족 7명이 함께 살았다. 말하자면 이재선·박인복 부부와 부모님, 미혼이었던 이재명과 그 밑의 두 동생이 한 지붕 아래에서 함께 살았다. 이재선·박인복 부부가 결혼한 그해에 이재명은 사법시험에 합격해 1989년 성남에서 변호사를 개업

---

19 상대원동 1258번지. 이재명이 매각 대금 중 5000만 원을 두고 분란을 일으키는 문제의 집.

했다. 이재명의 형수 박인복은 그런 이재명에게 지금의 부인 김혜경을 소개했고, 1991년경에 결혼을 하게 되었다.

이재명과 김혜경이 결혼한 이후 1992년부터 2012년 갈등이 있기 전까지 21년간 박인복과 김혜경은 가깝게 지냈다. 갈등이 있기 전까지 형제나 가족 간의 갈등은 전혀 없었다. 단 한 번의 고성도 오가지 않았다고 한다. 특히 이재선 회계사는 2000년 1월 11일부터 2012년 3월 28일까지 그의 어머니 구호명에게 매월 20만 원씩 생활비를 보내드렸다. 이런 사실로 보아 이재명이 '슬픈 가족사'라는 표현으로 이미 오래 전부터 이재선 회계사와 갈등이 있었던 것처럼 부풀리고 호도하는 것은 거짓말이다. 다음은 이재명이 자신의 자전적 에세이에 실은 내용이다.

> 내가 변하기 시작한 것은 두 번의 자살기도가 실패로 끝난 뒤부터였다. 그 사건이 인생의 터닝포인트였던 셈이다. 그때부터 나는 세상에 대한 두려움도 사라졌고, 어떤 일이 닥치건 대수롭지 않게 웃어넘겼다.[20]

위의 내용은 몇 줄에 지나지 않지만, 이재명과 관련된 수많은 사건과 연관해 보게 되면 많은 것들에서 실마리가 풀려간다. 두

20　이재명(2017), 『이재명은 합니다』, 위즈덤하우스, 26쪽, 13~16줄.

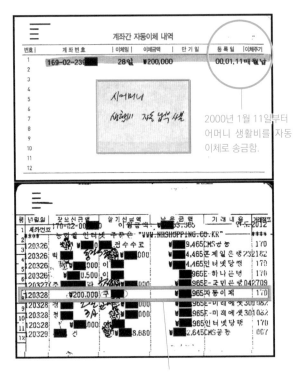

2000년 1월 11일부터
어머니 생활비를 자동
이체로 송금함.

2012년 3월 28일까지
어머니 생활비 자동 이체 됨.

〈사진 2〉1986년 결혼하면서 어머니께 매달 드리던 용돈을 2000년 1월부터 자동이체로 송금한 통장 사본

이 사진은 어머니 구호명에게 2000년 1월 11일부터 2012년 3월 28일까지 매월 20만 원의 생활비를 자동 이체한 통장이다. 이재명의 주장대로 2006년 어머니 구호명이 이재선에게 5000만 원을 빌려주지 않아서 갈등이 생긴 거라면 이재명 식으로 2006년부터 이재선은 어머니에게 생활비를 보내지 말았어야 한다. 하지만 이재선은 2012년 3월까지 어머니에게 송금했다. 여기서 주목할 것은 이재선이 2012년 3월까지 어머니에게 송금했다는 사실. 이재선이 송금을 하지 않은 것은 2012년 4월 이후, 이재선에 대한 이재명의 온갖 모략이 시작됐기 때문이다. 시정을 비판하는 이재선을 정신병자로 몰아 정신병원에 감금하기 위한. 어머니와 다른 여러 형제들은 이재명의 편에 섰다.

번의 자살기도, 그리고 어떤 일이 닥치건 대수롭지 않게 웃어넘기는 캐릭터. 그걸 염두에 두고 지금부터 세상을 떠들썩하게 만든, 그 사건을 들여다보도록 한다. 그러면 그가 보인다.

선택적으로 발휘되는 공정성, 백아연 사건

이재선이 백아연에 대한 문제를 제기했던 것은 다른 시민이 먼저 〈성남시에 바란다〉란 글을 올려서이고 그 글을 읽고 2012년 4월 23일에 이재선 회계사도 민원을 제기한 것이다. 그 전까지 그는 백아연이 누군지조차 몰랐다고 한다. 각 주민 센터와 청소년수련관 등에 주민자치위원회 이름으로 응원 플래카드는 물론 포스터 등이 여기저기 걸려 있다는 글을 보고 살펴보니 실제로 그러했다.

이재선이 문제를 삼으려 했던 것은 '세금 낭비'와 '공정 경쟁 위반'이었다. 공공기관 앞에 홍보용 플래카드를 건다는 것이 쉬운 것도 아닌데, 한두 군데도 아니고 여기 저기 걸어놓은 걸 보면 공인의 힘이 아니고는 불가능한 일이었다. 성남문화원 공식 사이트에도 백아연의 홍보 글이 올라와 있었다.

이재명은 한 술 더 떠 자신의 SNS에 백아연에 대한 글을 올리는가 하면 함께 찍은 사진을 올리기도 하고 그녀에 대한 다른 기사까지 공유하며 홍보에 나섰다. 친딸이라도 할 수 없는 일을 이재명은 공공연하게 했다. 문자 투표까지 독려했다는 얘기도 돌았다.

공개 오디션 프로그램에서 시청자 문자 투표가 차지하는 비중은 매우 크다. 그것을 성남시가 나서서 홍보해 주는 모양새라니. 기가 막힐 노릇이었다. 분명 예산 낭비였다. 대명천지에 어떤 기관장이 한 개인을 위해 이러한 말도 안 되는 예산을 낭비한단 말인가. 다른 경쟁자들의 권리를 착취하는 행위까지 마다하지 않으면서 말이다.

이재선은 궁금했다. 도대체 누구의 아이디어인지. 입만 열면 국민의 행복을 담보하는 공정한 국가를 만들겠다고 떠드는 사람이 보여 주는 것들은 참으로 이해할 수 없는 부분들이 많았다. 공정, 공정을 부르짖으면서도 공정이라고는 찾아볼 수 없는 사람. 앞에서 언급했듯 임기가 남은 단체장을 측근으로 교체하는 과정이나, 자신의 수행비서 딸을 위해 세금까지 써 가며 절대 공정하지 않은 일을 벌이는 사람이 여권의 대권 주자인 우리의 현실. 참담하다.

친형인 이재선 회계사는 바른말을 한다는 이유로 눈엣가시처럼 여기는 반면, 그의 수행비서는 어떤 인물이기에 이재명이 국민을 속여가면서 공권력의 특혜를 받게 하는 것일까.

자료를 찾아보니 화려했다.

- 이재명 시장! "폭언한 백모비서 파면하라"

성남시의회 한나라당협의회, 기자회견서 주장… 이재명 시장
사퇴도 '촉구'

성남시의회 한나라당협의회가 21일 새벽 긴급 기자회견을 갖
고 폭언과 협박을 한 이재명 시장의 수행비서 백모 씨의 파면
과 이재명 시장의 사퇴를 촉구하고 나서 파란이 예상된다.[21]

- 성남시장 비서 술에 취해 택시기사와 경찰 폭행[22]

- 이재명 성남시장의 수행비서 A씨가 마을버스 업체 인허가 과
정에서 금품을 받은 혐의(알선수재)로 지난 5일 검찰에 체포됐
다. 공교롭게도 이 날은 이 시장이 직원 조회에서 '내 이름을 팔
아 접근하면 비서실에 바로 신고하라'고 경고한 날이다.[23]

성남시는 이에 대해 백종선이 알선수재 사건 전, 불미스러운
폭행 사건에 연루돼 '2014년 2월에 해임됐다'고 했다. 이보다
더 놀라운 것은 이재명은 백종선이 해임된 그 자리에 그의 친동
생을 앉혔고 동생의 부인 역시 임용시험 없이 성남시 공보관실

21   모동희 기자, 『성남일보』, 2011.12.21.

22   최인진 기자, 『경향신문』, 2013.12.16.

23   『헤럴드 경제』, 2016.7.6.

에 채용했다는 사실이다. 기겁할 노릇이다. 상식적인 사람은 도저히 이해할 수 없는 이재명식 측근 관리가 아닐 수 없다. 이재명은 그때나 20대 대선 후보가 된 지금이나 변함이 없다. 이재명의 말대로 자신이 하는 일에 있어선 누가 뭐라 하던 대수롭지 않게 여겼다.

2021년 11월 10일에 있었던 관훈클럽 토론회에서 '대장동 특검을 하자'는 기자의 질문에 돌변하면서 "동시 특검? 내가 뭘 잘못했나?"를 말하던 이재명의 표정. 참으로 걱정되는 대한민국이 아닐 수 없다.

어쨌든 백종선은 현재도 여전히 이재명을 위해 열심히 일하고 있을 것이다. 그러니 당시 백아연의 이야기를 꺼냈던 이재선을 향해 '죽이겠다'고 했던 말은 다만 허언이 아닐 것은 불을 보듯 뻔한 일이었다.

"그 아가리를 닫게 해 주지"[24]

전화 받아서 욕한 거 사과해요. 안 그러면 나, 죽을 때까지 용서 못합니다. 내 딸아이 이름까지 욕되게 했으니까 더더욱 용

---

24 2012년 5월 20일 오후 3시 17분에 백종선이 이재선에게 보낸 문자.

서 못해![25]

    2012년 5월 19일 오후 12시 45분. 이재선의 휴대 전화으로 문자가 들어왔다. 백종선이었다. 직전에 이재선을 '죽이겠다'고 협박을 해대던 백종선이었기에 이재선은 그의 전화를 받지 않았다. 그러자 문자를 보냈던 것이다.

    문제는 그 다음 날인 2012년 5월 20일이었다. 백종선이 아침 일찍 이재선의 휴대 전화로 전화를 하여 차마 입에 담지 못할 쌍욕을 20분 이상 해댔다. 더는 듣고 있을 수 없던 이재선이 전화를 끊어버린 후 휴대 전화의 전원을 꺼버렸다. 그러자 잠시 후(오전 9시경) 집전화가 울렸다. 아내 박인복이 받았다. 백종선이었다. 그는 박인복에게 '이재선을 바꿔라'며 언성을 높였으나 박인복은 '집에 없다'고 하고는 바로 전화를 끊었다. 백종선은 어떻게 알았는지 이번에는 박인복의 휴대 전화로 전화를 걸어왔다. 박인복이 전화를 받자 백종선의 협박과 폭언이 이어졌다.

    "이재선이 욕하면서 백아연을 죽이겠다고 했어. 내가 가만 안 둬! 그리고 그거 알아? 이재선의 글[26]을 분석한 결과 미친 사

---

25   녹취.

26   이재선이 성남시의 〈성남시에 바란다〉 코너에 올린 게시 글을 말함.

람으로 판명된 거. 알아? 아느냐고?"

　까마득히 몰랐다. 처음 백종선이 '이재선의 글을 분석한 결과 미친 사람으로 판명되었다'고 했던 말이 무슨 뜻인지, 이재선 회계사도, 아내 박인복도 몰랐다. 아니 짐작조차 할 수 없었다. 미친 사람으로 판명되었다? 이미 이재선을 정신병원에 가두려는 음모가 진행되고 있었던 것이다.

　어쨌든 이재선이 휴대 전화 전원을 끄고 전화를 받지 않자 백종선은 2012년 5월 20일에만 전화와 음성 메시지 그리고 문자 메시지를 무려 107건이나 날렸다. 여기에는 일부만 수록하도록 한다.

2012.5.20 오전 10:19 그렇게 하지 내가 어떤 놈인지 잘 모를 거야. 열불 나서 당신 집사람하고 지금 막 통화 끝냈지. 협박이라~ 진짜 협박이 어떤 건지 아직 모르는구만. 앞으로 시청 홈피에 한글자라도 이재선 올라오면 나 그 길로 옷 벗고 나간다. 나가고 나면 내가 무슨 짓 할지 나도 몰라. 낼은 이주영을 만나러 갈 꺼야. 아빠에 실상을 알려 줘야지

오전 10:57 통화로 안 끝나. 나 사표 썼으니까 이제부터 내가 할 꺼야. 기대해

오후 2:32 당신 뼛속까지 들어가서 그 나쁜 근성 뽑아
낼 거야. 기대해봐. 당신이 다른 사람들한테 한 것보다
백배쯤은 될 거야

 오후 3:17 그 아가리를 닫게 해 주지

　며칠 후, 백종선이 이재선 회계사 사무실로 찾아왔다. 점심시간이 지난 오후 1시 30분경이었다. 그는 근무 중에 근무지를 이탈해 이재선을 찾아왔다. 백종선은 이재선이 보이지 않자 직원들에게 온갖 폭언을 퍼붓고 돌아갔다. 사무실 직원들은 두려움에 치를 떨었다.

　백종선은 거기에서 그치지 않았다. 다시 불량배로 보이는 사내 두 명을 이재선 회계사 사무실로 보내 "육두문자를 사용한 사람이 누군지 보러 왔다. 앞으로 만날 날이 많을 테니 지켜보겠다"며 겁박했다.

　이재선으로부터 그 사실을 전해들은 아내 박인복은 이재명의 아내 김혜경에게 전화를 했다. "협박하지 않게 말려 달라"고 부탁하기 위해서였다. 김혜경은 전화를 받지 않았다. 여러 차례 전화를 해도 받지 않기에 문자 메시지로 "협박을 말려 줄 것"을 호소했다. 김혜경은 끝내 아무런 답변을 하지 않았다.

이재선은 집 전화를 가족이나 형제들 이외에는 공개하지 않았다. 이재명을 통하지 않고는 백종선이 이재선의 집 전화를 알 수 없는 이유다. 그러니 백종선의 욕설과 협박 행위는 이재명의 사주나 묵인이 아니고서는 불가능했다. 더구나 이재선·박인복 부부가 계속되는 백종선의 욕설과 협박 행위를 중단시켜 줄 것을 부탁하기 위해 이재명과 김혜경에게 전화를 했지만 그들은 일체의 전화를 받지 않았다. 문자에도 아무런 답변이 없었다.

백종선은 여전히 박인복의 휴대 전화로 전화를 걸어 "죽인다, 가족 모두 죽인다"고 협박했다. 그러면서 "이재선이 미쳤으니 약을 먹이라"는 식으로 몰아갔다. 심지어 딸 이주영의 휴대 전화로 전화해 "내가 찾아가서 아빠의 실상을 알리겠다"는 협박[27]도 일삼았다.

후일 이재선은 이재명에게 "왜 우리 가족의 신상을 백종선에게 제공했냐?"며 따졌더니 이재명은 아무런 죄의식 없이 당연한 투로 말했다.

"가족도 공인이야. 당연히 백 비서가 관리해."

---

[27] 백종선은 생각으로 끝나지 않고, 실제로 딸 이주영에게 전화해 협박했다.

이재명에게 묻고 싶다. 가족이라면서 형 가족에게 그렇게 해도 되는 것인가? 조카에게까지 협박하는 게 가족인가?

이재선에 대한 백종선의 협박은 2012년 5월 28일까지 계속해서 이어졌다. 문자와 음성 메시지로 "사과하지 않는다"는 이유로 협박했다. 이재선으로선 백종선에게 시달리는 것이 너무 힘들었다. 세 번씩이나 "사과 한다"고 했다. 그러자 이번에는 백종선이 "사과를 받지 않겠다"고 했다. "무릎 꿇고 사과하면 되느냐"고 해도 "사과를 받지 않겠다"고 막무가내로 버텼다. 그말에 이재선의 감정이 왈칵했다. 그대로 가다간 '평생 그의 노예가 될 수 있겠다'는 생각이 들면서 그동안 백종선이 반말로 약 올리고 욕하던 것들이 한꺼번에 스쳐갔다. 백종선의 언어로 되돌려 줬다. "그래 뱃대지 쑤셔라. 회칼이냐? 왼쪽부터?"라고 말대거리를 했다.

백종선은 애초에 사과를 받을 목적이 아니었던 것이다.

실제로 내가 당시 이재선에 대한 정신병원 강제 입원 음모를 알게 된 것은 분당 서울대학교병원 정신건강의학과 전문의 장재승이 2012년 4월 4일에 작성하여 2012년 4월 5일 오후 1시 42분에 분당보건소 구성수 소장에게 보낸 서류를 보게 되면서였다. 서류의 제목은 〈이재선 씨의 문건에 대한 평가 의견〉이었다.

이재선은 백종선이 상식적으로는 도저히 이해할 수 없는, 위와 같은 터무니없이 과도한 욕설과 도발을 일삼았는지를 그제야 알게 되었다. 말하자면 이재명은 그 이전부터 이재선을 정신병원에 강제 입원시키려고 작정했고, 그 실행을 위해 정신과 전문의의 소견을 들었던 것이다.

그런 다음에 백종선으로 하여금 과도한 도발을 하게 만들어 이재선을 정신병자로 몰아가려 했던 것이다. 그리고 일련의 내용을 모두 녹음했을 것으로 추정된다.

그날, 2012년 5월 28일

"너희 집하고 우리 집하고 한우리 교회하고 엄마네 불 싸지른다. 당장 안 오면……."

결국 이 말은 이재선 옆에 있던 어머니를 향한 말이 아 닌, 어머니 집으로 오게 할 이재선과 통화 중에 있던 이 재명을 향한 말이었다. 그런데 그 말이 다른 의도로 둔 갑이 됐다.

어머니께
도움 요청하는 이재선

　　　　　　　　이재선으로선 속수무책이었
다. 백종선의 언어폭력을 중단시킬 아무런 방법이 없었다. 이
재명과 김혜경은 아예 전화를 받지 않았기 때문에 달리 방법
이 없었다.

　2012년 5월 28일. 이재선은 어머니 구호명의 집으로 발길을
돌렸다. 어머니로 하여금 이재명과 통화하게 한 다음 전화를 바
꾸어 자신과 통화할 생각이었다. 이재선의 부탁을 받은 어머니
는 이재선의 말대로 이재명에게 전화를 걸었다. 두어 번 신호가
가자 이재명이 어머니의 전화를 받았다.

　　어머니　응~ 나야~ 근데, 협박하지 말라고

　　이재명　아니, 협박 안 한다니까 무슨 협박을 해요? 정신 나간. 남

들 욕하고 다니까 그런 거지.

어머니 난~ 아무것도 모르니까.

이재명 응?

어머니 난~ 아무것도 모르니까.

이재명 거~ 말 같지 않은 소리 한다네. 거~ 누가 협박을 해요? 본 인이 온 동네방네 욕하고 다니니까 그러지. 좀 바꿔줘 봐요.

어머니 (이재선을 보며) 바꿔 달래~

이재선 (전화를 받아들고) 여보세요.

이재명 예, 온 동네방네 욕하고 다니니까 그런 거 아닙니까? 뭘~

이재선 그래서 수행비서를 보내서 협박하나?

이재명 뭘~ 보내? 보내기를~

이재선 반말하나? 지금?

이재명 뭐라고요?

이재선 내가 정신병자라는 거지? 아까 정신병자라 그랬지? 내보고~

이재명 지금 (청취불능)? 지금 그게~

이재선 그럼~ 정신병자지? 내가 미친놈이지? 그래서 보건소장을 가지고 나를 죽일려고 그랬지?

이재명 아니, 쓸데없는 소리 하지도 마십시오. 허튼 소리 하고 있어~

(중간 생략)

이재선 야~ 대단하다. 권력이~

이재명 권력이~ 무슨 권력이요?

이재선 너~ 1년 반밖에 안 남았어~

이재명 (청취불능)

이재선 칼로 쑤셔라! 아예 칼로 쑤셔라!

이재명 뭐라고요?

이재선 나 오늘 너희 집하고 우리 집하고 한우리 교회하고 엄마
네 불 싸지른다. 당장 안 오면~

이재명 불 싸질러? (청취불능)

(이하 생략)

이재선은 어이가 없었을 것이다. 자신의 가족에게 온갖 악행
을 저지른 백종선이 아니던가. 그 일을 모를 이재명이 아니었
다. 그럼에도 시침 뚝 떼고 있는 이재명을 이재선은 어떡하든
어머니의 집으로 오게 하여 시시비비를 따져 볼 생각이었다. 이
재명이 안 올 수도 있으니 이재선으로선 그렇게라도 자신의 의
중을 강하게 전달하고자 했던 말이었다.

"너희 집하고 우리 집하고 한우리 교회하고 엄마네 불싸지른
다. 당장 안 오면……."

결국 이 말은 이재선 옆에 있던 어머니를 향한 말이 아닌, 어
머니 집으로 오게 할 이재선과 통화 중에 있던 이재명을 향한

말이었다. 그런데 그 말이 다른 의도로 둔갑이 됐다.

그 말을 했다고 하여 이재명이 경찰에 이재선을 고발[28]한 것이다. 그 사건으로 이재선은 뒤의 다른 사건과 병합되어 벌금 500만 원의 약식명령을 받게 된다.

한편 그날 밤 10시경, 박인복은 뜻밖의 전화를 받았다. 이재명이었다. 통화를 하고 싶어서 전화를 할 때는 받지도 않고, 전화도 않던 사람이었다. 이재명은 그 흔한 형식적인 인사치례조차 없이 다짜고짜 자신의 말을 했다.

"요즈음 형이 미친 사람처럼 하면서 다니고 있는데, 형수님은 이 사실을 모르십니까? 내 생각에 형이 조울증, 관계망상증, 과대망상증, 피해망상증 등이 겹쳐 있는 중증상태예요. 치료받고 약 먹어야 합니다."

대체 이게 무슨 말인가. 박인복은 그때까지도 이재명의 심중을 알지 못했다. 다만 이재명이 이재선을 두고 '정신병자'라고 하는 말에 "그렇지 않아요"라고 부정할 뿐. 이재명은 그런 박인복의 말을 막으며 30여 분을 계속해 일방적으로 "이재선이 정신병자가 맞다"며 단정의 말을 확신하듯 말했다. 그러면서 덧붙였다.

---

28 직접, 또는 다른 사람을 시켜서.

"병원치료와 약을 먹어야 합니다."

설령, 진짜로 자기 친형이 '정신병'을 앓고 있다면 이재명은 그렇게 조롱하듯 말할 게 아니라 진심 어린 걱정을 해 주는 게 먼저여야 하지 않았겠나. 그런 게 아니었기 때문에 비꼬고 조롱하듯 말을 했던 것이다.

이재명은 좀체 전화를 끊지 않았다. 같은 내용의 말을 반복했다. 마침 퇴근해 온 이재선이 아니었다면 박인복은 그 난감한 전화 내용을 계속 듣고 있었을 터였다. 박인복은 본능적으로 이재명의 전화를 끊어버렸다. 그러자 이재명이 다시 전화를 했다. 그때부터 이재명은 전화를 받은 이재선에게 10년 전의 이야기에서부터 멀리는 30년 전의 과거 일들을 물었다. 집요했다. 황당해 하던 이재선이 물었다.

"왜 지나간 얘기를 들추고, 말도 안 되는 소설을 쓰면서 전화질이냐?"

이재명은 다 계획이 있었던 걸로 보인다. 그렇지만 그걸 알 수 없었던 이재선으로선 '대체 왜 이러나' 하는 생각만 했을 뿐이었다.

이재명은 1983년 당시 72만 명의 수험생 중 12,805등을 했던 이재선이 실력도 안 되면서 서울대에 보내주지 않는다며 아버지에게 '땡깡(생때) 부리지 않았냐'고 했다. 당시 서울대 정원이 몇 명이었는지는 이재선이 더 잘 알았다. 말도 안 되는 이재명의 억지였다. 논리보다는 이재선을 어떡하든 정신병원에 강제 입원시키려는 자신의 목적을 위해 목록까지 만들어 도발적인 질문을 던진 듯했다.

그러다가 이재선이 "학생운동을 했었다"는 말을 하자 이재명은 금시초문인 듯 빈정거렸다. 하지도 않은 학생운동을 했다며 거짓말이라도 한다는 듯이.

1986년경 이경희[29]는 서울 동부경찰서로부터 연락을 받고 방문한 적이 있다. 경찰이 내민 운동권 학생 명부 맨 앞에 적힌 이재선의 이름을 확인한 아버지 이경희는 새벽까지 이재선을 붙들고 이야기를 했었다. 학생운동을 하는 아들을 걱정해서였다. 그런가 하면 이재선은 여름 방학에는 경찰을 피해 시골로 보름 가까이 피신해 있기도 했다. 집으로까지 경찰이 찾아왔기 때문이다. 그것을 모를 이재명이 아니었다.

그뿐만 아니었다. 이재명은 이재선에게 "시민운동을 한 게 뭐가 있느냐?"고도 도발했다. 이재선에게 "시민운동 같이하자"고 하여 성남시민모임의 감사를 이재선이 맡았었다. 특히 시민

---

29   이재선의 아버지(1986년 10월 사망).

모임 요청으로 이재선은 경원대(현재의 가천대) 감사 시 우리나라 최초의 민간 참관인으로 활동을 했었다. 그 모든 것을 너무도 잘 아는 이재명이 계속해서 이재선이 시민운동을 한 것이 없다는 식의 우기기를 이어 갔다. 화가 난 이재선은 더는 대꾸할 가치를 느끼지 못했다고 한다. "네 스스로 알아봐라"고 하며 이재명의 말문을 잘랐다.

이재명은 아랑곳하지 않았다. '인수위원을 청탁했다, 인사 청탁을 했다, 교수 청탁을 했다, 은행 지점에서 VIP 대우를 하지 않는다고 행패를 부려 성남시청으로 전화가 와서 자신이 대신 사과를 했다'는 등 견강부회[30]하며 이재선의 말과 행동이 정상이 아니라고 몰아붙였다. 심지어 이재선이 알지도 못하는 '20대 초반 직원의 뺨따귀를 때렸다'고 억지를 부렸다.

이재선은 앞에서도 언급했듯이 이재명이 성남시장 되기 전부터 꾸준하게 성남시에 대한 비판의 글을 자신의 블로그는 물론 성남시 공식 홈피와 지역 신문에 올렸다. 자신의 그런 민원이 시정이 되지 않거나 아무런 반응이 없을 때는 민원인으로서 할 수 있는 일을 했을 뿐이었다. 민원이 왜 빨리 해결되지 않느냐고 전화를 하고 빠른 조치를 바란다는 의견이 업무 지시라면 세상 어느 시민이 민원을 넣을 수 있겠나. 그것도 모자라 이재

30　이치에 맞지 않는 말을 억지로 끌어 붙여 자기에게 유리하게 함.

선이 인사개입을 했다고 하니 가당치도 않은 말이다. 이재명의 성격상 그런 일이 가능한가? 교수직 청탁도 마찬가지다. 이재선의 선배가 대학 총장이 되고 나서 "강의 한 번 하러 나와 봐" 하는 말을 했을 때, "저는 제 일 하기에도 바쁘니 괜찮습니다"라고 거절한 게 전부였다.

그 당시엔 아무것도 아닌 일들이었고 말이었다. 그런 것이 이재명의 입을 거치면 눈덩이처럼 커지고 왜곡되곤 했다.

5000만 원 건도 그렇다. 원래 가족들이 어머니와 함께 살던 성남시 상대원동 집을 이재선이 주도해 매각했다. 형제들에게 분배하는 것도 이재선이 주도했다. 한국투자신탁에 근무했던 경험이 있는 이재선의 실력과 능력은 가족 내 신뢰가 높았던 터였다. 그렇게 형제들에게 나누고 남은 5000만 원은 어머니 몫이었다. 이재선은 5000만 원을 어머니와 공동명의로 하여 당시 이율이 높은 한국투자신탁에 맡겼다. 모두 가족회의로 결정한 일이었다.

그런데 2006년경, 박인복이 분양을 대행하는 이재선의 지인 부탁으로 분당 소재 상가 1칸을 분양받게 되었다. 여기저기서 자금을 융통하긴 했는데 중도금이 턱없이 부족했다. 박인복은 남편 이재선에게 '상가 잔금을 대출 받아 갚을 테니 한국투자신탁에 예탁해 둔 5000만 원을 잠시 빌려 쓰면 어떨지'를 물었다. 이재선은 곧장 어머니 구호명에게 전화를 하여 사정을 설명했다.

"이자 더 준다고 재명이가 가지고 갔다."

예상하지 못한 상황에 이재선은 이재명에게 전화로 "혹시 돈이 여유가 있다면 어머니께 가져간 돈을 내게 빌려 줄 수 있겠냐"고 물었다. 이재명은 퉁명스럽게 자신도 "돈이 하나도 없다"고 했다. 그런데 이재선이 전화를 한 다음 날 아침 바로 어머니로부터 뜻밖의 말을 들었다. "재명이가 돈을 부쳤다." 그 말에 이재선은 몹시 서운한 생각이 들었다. 자신에게는 돈이 하나도 없다고 했던 이재명이 아니었던가. 이재선은 "어머니가 재명이에게 그 돈을 보내라고 했습니까?"라고 물었다. 어머니는 "그런 적이 없다"고 했다.

순간 이재선은 자신보다 '네 살이나 어린 동생 이재명이 자신을 무시해서 거짓말을 했다'는 생각에 몹시 서운한 마음이 들었다고 했다. 어머니 구호명에게도 서운한 건 마찬가지였다. 공동명의자인 자신의 승낙도 없이 신탁을 해지한 것도 의아했지만 어머니의 "그게 무슨 서운할 일이냐"는 말에 눈물이 왈칵 끼쳤다고 한다. 그 상황이면 "재명이가 돈을 보내왔으니 필요하면 가져다 써라"는 말도 했을 법한데 어머니는 그런 말조차 꺼내지 않았다. 차별 당한 느낌에 이재선은 흐르는 눈물을 주체하지 못했다. 은근히 화도 났다. 홧김에 "어머니가, 저의 어머니가 이럴 수가 있습니까? 그 돈 가지고 죽으세요"라고 하고는 전화를 끊었다. 서운해서 했던 말이었다.

이후로 이재선은 어머니와 이재명에게 서운함을 떨쳐낼 수 없어서 다소간 소원할 수밖에 없었다. 그렇다고 세 사람 사이는 물론 다른 형제간의 갈등이 초래된 것은 없었다. 고성 한 번 오간 적도 없었다. 다만, 살가운 면은 없었어도 평온하게 지냈다. 명절이나 생신 때 아내 박인복을 보내 인사를 했고, 매달 보내 드리던 어머니 생활비[31]도 거르지 않았다.

나중 이재선이 그 건으로 어머니 구호명에게 "돼지라"는 말을 했다고 인터넷을 떠들썩하게 만든 것은 이재명 측에서 의도적으로 퍼뜨린 거짓말이었다. 이재선을 파렴치한으로 몰기 위함이었다. 2012년 5월 29일은 이재명의 발악이 극에 달했다.

발악하다

이재명이 이재선에게 날린 문자

 2012.5.29 (화) 밤 1:19 ~ 싶으면 직접 출마하셔요. 당선돼서 가족들 취임식에 소개하고 인수위원 시키고 가족 뜻대로 인사하고 대학교수 같은 자리도 챙겨주고 식당 매점 같은 이권도 많이 챙겨주십시오.

---

31   2000년 1월부터 2012년 3월까지 매월 자동이체로 20만 원을 송금함.

새벽 6:35 전문가들이 형님이 쓴 글과 행동, 공무원들에게 한 녹음된 폭언, 관련된 사람들의 말, 전에 예수 여자 운운하며 쓴 글 등을 보고 내린 결론은 조울증, 관계망상증, 과대망상증, 피해망상증이 겹쳐 있는 상태로 중증이라는 것입니다. 그리고 주기가 짧아지고 정도가 심해져 계속 악화되는 중이고 치료 시기가 늦어지면 질수록 손상된 뇌의 회복이 점점 더 어렵다는 것입니다.

 새벽 6:36 처음에는 5년, 다음에는 3년, 2년 1년에 한 번씩 증세가 생기다가 6개월 3개월 1개월, 결국 하루 단위 시간 단위로 재발하고, 강도와 발현 시간도 새지게 돈답니다. 남의 일인 척하고 정신과에 상담 한 번 해보세요… 불가능하겠지만요ㅠㅠ 형님이 지금 하는 행동으로 제게 타격을 준다고 즐거워하겠지만 시간 지나고 우울단계로 접어들면 100프로 후회하시게 될 것입니다. 세상 사람들이 형님보고 뭐라고 하는지, 왜 형님이 그렇게 고대하는 언.

 아침 8:18 약 먹으면 아무것도 아니니 그래도 이런 정도에서 병원 좀 갑시다 ㅉㅉ

 아침 8:19 항의를 협박이라고 생각하는 거 그게 바로 피해망상이오.

 아침 8:23 내가 형님 죽일려고 하는 것 같죠? 그런 게 바로 피해망상이오.

 아침 8:26 행동이었음은 무의식 속에서나마 인정되는 모양이죠? 여하간 병원 갑시다.

2012년 5월 29일, 이재명은 작정이라도 한 듯 이재선을 향해 끝없이 조롱하고 화를 돋웠다.

어느 기자의 제보

그 즈음, 1999년부터 알고 지내던 김모 기자가 이재선 사무실을 방문했다.

"이재명 시장이 이재선 회계사님을 정신 병원에 가두려는 음모가 진행되고 있답니다."

처음에 이재선은 그가 하는 소리를 도저히 믿을 수 없어서 혹시 역정보가 아닐까 하는 생각을 잠시 했다고 한다. 그런 짓은 사람의 탈을 쓰고 할 수 있는 일이 아니었기 때문이다. 하지만 그의 이어지는 말은 너무나 구체적이었다.

얼마 전, 자신과 친분이 있는 어떤 보건소장과 점심을 같이하며 들었다고 했다. "이건 비밀인데……"로 시작된 말이었다. 세상에 비밀이 어딨냐고 하면서 들었다고 했다.

당시 분당구 보건소장의 이름은 구성수. 그는 어느 날 이재명으로부터 '정신보건법상 의사 2명의 서명을 받으면 정신병원에 강제 입원시킬 수 있지 않나. 정신과 의사 2명의 서명을 받아 이재선을 정신병원에 입원시켜라' 하는 지시를 받았다고 한다. 구성수 보건소장으로선 여간 난감한 일이 아닐 수 없었다. 고민을 하다가 전 성남시의사협회장이었던 정신과 전문의 박응철에게 전화로 자문을 구하게 된다. "이재선 씨는 15년 이상 공인회계업을 잘 하고 있는 분입니다. 이재명의 임기가 2년밖에 안 남았는데 그런 일을 하면 안 되지 않겠냐"는 조언을 듣고 바로 이재명에게 지시를 따를 수 없음을 전했다. 그러자 3일 만인 2012년 5월 2일자로 분당구에서 수정구 보건소장으로 전보 조치되었다고 한다. 그 일이 억울하다며 보건소장 등이 모인 자리에서 하소연하는 것을 그 자리에 있던 한 사람이 막역한 김모 기자에게 전한 말이었다.

이재선으로선 김모 기자가 꾸민 말이라고 생각하진 않았지만 그렇다고 그대로 믿을 수도 없었다. '설마 내 동생이……?'하는 마음에 이재선은 오히려 김모 기자에게 "이재명이 일을 잘해서 제대로 된 시장이 되게 도와" 줄 것을 요청했다. 또 이재선은 이재명의 법대 동기이자 이재명의 사무장을 했던 성남문화재단 이영진 사무국장을 만나서 이재명이 시장직을 잘 수행하도록 도와 줄 것을 요청했다. 그런데 이영진 사무국장을 만나고 돌아오는데 자꾸만 이명처럼 떠도는 말이 있었다. '아, 그래도 형님인데 이런 음모가 가능할까?'라는 생각에 눈물까지 났다는 김모 기자의 말이었다.

이재선은 혹시나 하는 마음으로 수정구의 구성수 보건소장에게 전화를 했다. 두어 번의 신호 끝에 "안녕하세요, 수정구 보건소장 구성수입니다!" 하는 말이 들려왔다. 이재선도 "안녕하세요, 이재선 회계사입니다"라고 인사를 했다. 그러자 이재선 회계사라는 소리에 소스라치게 놀란 구 소장이 전화를 끊어버렸다. 이재선은 순간 '어, 이거 이상하다'는 생각이 들었다. 다시 전화를 했다. 다른 직원이 받았다. 직원은 "소장이 외출 중"이라고 했다. 직원에게 팀장을 바꾸게 했더니 "왜 이런 전화를 바꾸느냐"며 직원을 나무라는 소리가 전화 너머로 흘러 나왔다. 비로소 이재선은 진짜로 뭔가 잘못되고 있음이 틀림없다는 생각을 했다.

이래서는 안 되는 일이었다. 이재선은 음모를 막아야겠다는 생각에 구성수 보건소장 후임으로 온 이형선 분당구 보건소장에게 전화를 했다. "만약에 나를 정신병원에 강제 입원시키는 음모를 실행하게 되면 당신은 보건소장 자리도 잃고 감옥에 갈 수도 있으니 명심하시오!"라고 했더니 "모르는 일"이라고 했다.

이후 이재선은 구 소장에게 다시 전화를 걸었다. 이전과 마찬가지로 구 소장은 이재선을 확인하자마자 바로 전화를 끊어버렸다. 잠시 생각에 잠겼던 이재선이 다시 전화를 걸었다. 분당구 이형선 소장에게 전화를 걸어 "만에 하나 나를 정신병원에 강제 입원시키는 날에는 보건소장 자리를 잃게 되거나 구속도 될 수 있다"고 다시 한번 경고했다. 그러자 그가 격하게 반응했다. "씨팔, 관리 의사 하나면 처넣을 수 있어"라고 했다. 이재선은 그의 방금 전에 했던 말을 다시 확인하려고 하자 이형선은 그런 말을 한 적이 없다고 거짓말을 했다. 그러고는 전화를 일방적으로 끊어버렸다.

이재선은 구성수 소장과 이형선 소장과의 통화를 한 후에야 모든 전모를 이해할 수 있었다. 백종선의 협박이 없어지고 이재명이 직접 나선 이유가 이재선이 구성수·이형선 소장과 통화했던 사실을 알았기 때문이었을 것이다.

이재명은 열흘 넘게 밤 12시부터 새벽 2시 사이에 이재선에게 전화를 걸었다. 새벽 6시 30분에는 문자를 보냈으며 7시 30분경에는 전화를 했다. 이재명이 시장에 취임한 날에 이재선이 "이재선이 축하한다", "한 번 할 각오로 열심히 해라", "참모를 잘 써라", "참모는 똑똑하고 '아니오'라고 할 줄 알고, 돈 안 챙기는 사람을 쓰라"는 문자를 보냈을 때도 아무런 연락을 하지 않았던 그였다. 그런 그가 하루에 45통의 전화와 문자를 보냈다.

전화 내용도 공적인 것이 아닌 개인적인 것이었다. 거짓 정보로 이재선을 약을 올리고 흥분하게 만들어 욕설과 실언을 유도하는 내용이었다. 당시 그것을 알 턱이 없던 이재선으로선 이재명이 내뱉는 말이 사실이 아니었기 때문에 있었던 사실 대로만 대꾸를 했었는데 이재명은 무슨 목록을 만들어서 읽는지 했던 말 또 하고, 했던 말 또 묻고를 반복했다. 나중에서야 그것이 이재선을 옭아매려는 덫이었음을 알게 된다. 만약 그때 이재명의 계속된 질문에 이재선이 하나라도 이전과 다른 답을 했을 때는 정신병자이기 때문에 그런 것이라고 몰아가려던 것이었다. 이재명이 읊어대듯이 같은 얘기를 반복한 것으로 봐서 사전에 목록을 만들어 질문 공세를 한 듯했다.

실제로 그때의 전화 통화와 이어진 문자 메시지들은 이재명이 이재선을 정신병자로 엮을 증거를 만들기 위한 것으로 드러났다. 이재명 스스로가 이재선과의 전화 통화를 하는 가운데 '이재선이 정신병자라는 증거가 부족해 증거를 만들기 위해 했던 일'이라고 스스로 밝혔던 것이다. 무서운 일이 아닐 수 없다. 그렇다면 그 전부터 이재명이 꾸준히 자신의 친형을 정신병자로 만들기 위한 증거를 모으고 있었다는 얘기가 되지 않겠는가.

그러니 7년이나 지난 뒤 5000만 원 이야기를 듣고 나와 이재선을 정신병자로 몰아가는 계략에 이용했을 것이다. 가족 간의 욕설도 얼마든지 있을 수 있는 갈등 때문에 생긴 것일 뿐이지 이재선이 미쳐서 그런 것이 아님에도 이재명은 이재선의 어릴 때 일까지 들춰내 욕이란 욕은 죄다 이재선이 미쳐서 한 것이라고 몰아붙였던 것이다.

한편 그 즈음 김혜경은 뜬금없이 숙명여대 앞에서 자취를 하며 조선일보 공모전에 출품할 그림 그리기에 몰두해 있던 이주영에게 전화를 했다. "너네 아버지는 미쳤다. 정신병자니까 치료를 받아야 한다. 힘들면 우리에게 와라"는 내용의 일방적인 설득과 동정의 말을 했다. 이주영은 이 무슨 뜬금없는 소리인가 싶으면서도 신중하게 대꾸했다. "저는 학교 부근에서 자취하고 있어서요. 집에 무슨 일이 있는지 잘 알지 못해요. 엄마랑 통화해 보겠습니다"며 통화를 끝냈다.

이주영은 곧바로 엄마 박인복에게 전화를 걸었고 박인복은 일련의 일들을 설명하면서 걱정이 한 가득일 딸 이주영을 안심시켜 주었다. "너는 학교생활만 잘 하면 돼. 엄마 아빠 걱정은 말고 공모전 그림만 잘 그리면 돼"라고 했다.

박인복에게 자초지종을 들은 이주영은 마음을 가다듬었다. 생각하고 또 생각해도 이해가 되지 않는 이재명 부부였다. 화가 나기도 했다. 서로의 생각이 다르면 관계를 끊으면 되는 것이지 왜 강제 입원을 시키려 하는 것인가 싶었다. 그러고는 김혜경에게 문자 메시지를 보냈다.

논리적으로 하시고 일 잘하시면 되는 거 아닌가요? 허위사실을 유포하지 마세요.

그날 이주영의 문자는 김혜경을 흥분하게 만들었고, 며칠 뒤 결국 그 모든 것이 이재명 부부의 음모였음을 고백하는 계기가 된다.

PART 5

누가 더 센가

일개 회계사와 성남시장과의 싸움이었다. 누가 봐도 안 되는 싸움이지 않은가. 누가 더 센가? 당연히 시장인 이재명이다. 반면 이재선은 아무런 힘도 없고 보호막이 되어 줄 사람도 없었다. 온갖 수단과 방법을 가리지 않고 공격하는 이재명에 맞서 회계사인 이재선이 할 수 있는 일이라곤 방어밖에 없었다. 권력자의 부당한 권력 행사에 저항하기 위한 일종의 방편이었다. 그러니 이재명이 주장하는 대로 '형 이재선이 동생 이재명을 공격하기 위해 녹음했다'는 인식은 잘못된 것이다.

성남시장이냐 회계사냐

참을 수 없는 고통의 나날이었다. 김모 기자가 전한 이재명의 음모는 다만 음모로 그치지 않았다. 실제로 이재명이 직접 나서서 7년 전의 일은 물론, 수십년 전 얘기까지 꺼내며 밤낮으로 이재선에 대한 생트집과 폭언이 이어졌다. 꼬투리를 잡기 위해서였다.

"정신병원에 입원해라", "(정신병) 약 먹어라"는 등의 괴롭힘을 잠시라도 피하기 위해 이재선·박인복 부부는 멀리 여행을 준비했다. 목적지는 중국 시안. 다행이 종합소득세 신고 기간도 끝난 시점이었다. 2012년 6월 2일에서 5일까지 3박 4일간 세무사직원들과 이재선·박인복 부부 등 6명은 여행을 다녀왔다.

여행을 마치고 귀국하던 2012년 6월 5일 화요일 오전 11시경 이재선의 휴대 전화가 몽니를 부렸다. 김혜경이었다. 이재선은 잠시 망설이다 즉시 기능을 스피커폰으로 돌렸다. 김혜경은

"요즘 벌어진 일로 만나 뵙고 싶습니다"라고 했으나 이재선은 이를 거절했다. 그러자 김혜경이 예전 일을 사과하면서 만날 것을 간곡하게 요청했다. 이재선이 다시 김혜경의 요청을 거절하려 하자 옆에서 듣고 있던 박인복이 고개를 끄덕였다. "요즈음 일어나는 일들이 이상하니까 동서를 만나서 얘기를 들어보는 게 좋겠어요"라고 하여 그날 저녁 7시경 용인시 수지구 신봉동 소재 '문향'이라는 찻집에서 만날 약속을 했다.

이재선과 박인복, 그리고 김혜경. 세 사람은 찻집에서 마주앉았다. 김혜경은 자신의 휴대 전화를 테이블 위에 엎어 놓으며 자리에 앉았다. 이를 본 박인복이 "서로 녹음하는 거 하지 말고 진지하게 얘기를 해보자"고 말했더니 김혜경은 "네, 그래요. 녹음 같은 거 하지 말아요"라고 맞장구쳤다.

"백종선이 우리를 괴롭히고 동호 아빠(이재명)도 평소 안 하던 전화를 밤낮으로 해서 '약 먹으라' 하니, 이게 대체 무슨 일이야. 동서는 백종선 수행비서 잘 알아?"

먼저 입을 뗀 사람은 박인복이었다.

김혜경 수행비서까지 제가 어떻게 알겠어요? 동호 아빠 정치하는 걸 제가 힘들어하는 거, 형님도 아시지 않습니까?"

김혜경은 박인복의 말에 반문했다. 이재선이 이재명이 구속될 지도 모른다는 말을 하자 예민하게 반응했다.

김혜경 저는 동호 아빠와 이혼할 각오가 되어 있어요. 어쩌겠어요. 동호 아빠가 잘못이 있어서 구속되면 사식이라도 넣어주면서 살아야지 어떻게 하겠습니까? 그런데 김부선에 대한 댓글을 아주버님이 쓰셨습니까?

김혜경이 이재선을 보며 물었다. 이재선이 김부선에 관한 댓글을 써 본 적이 없다고 하자 김혜경은 갑자기 울기 시작하더니 사정하듯 말했다.

김혜경 그럼 그렇지요. 아주버님이 그런 글을 쓰실 분이 아니라는 걸 알고 있었습니다. 그러니 성남시 홈페이지에 비판 글을 안 쓰시면 안 되겠습니까?

이재선 요새 글, 안 쓰고 있습니다. 제발 백종선이 우리를 괴롭히지나 않게 해 주세요. 이재명이 엉뚱한 전화로 사람 화나게도 하지 말게 하고요.

이재선의 말이 끝나자마자 박인복은 그동안 백종선이 괴롭히고 협박한 내용을 김혜경에게 상세히 설명했다. 그리고 덧붙였다.

박인복 얼마 전에 어떤 기자가 주영 아빠를 찾아와서 '이재명 시장이 당신을 정신병원에 강제 입원시키려고 한다'는 얘기를 전해 주며 정황을 상세하게 설명했는데 우리는 터무니없는 얘기라고 일축했어. 혹시나 싶어 구성수 보건소장이 다른 데로 갔기에 확인하려고 전화를 했지. 그런데 전화하면 전화를 뚝 끊어버리는 거야. 새로 부임해 온 이형선 보건소장은 주영 아빠에게 전화를 해서는 이것저것 묻기도 하고 만나자고도 하고. 물어볼 일이 있다고 하면서. 이거 이상한 거 아니야? 동호 아빠는 또 생전 안하던 전화로 밤낮 우리를 힘들게 해, 그걸 알고 있어?

김혜경 동호 아빠가 하는 일은 잘 모릅니다. 말도 안 되는 얘깁니다.

김혜경은 이재명의 일을 아무것도 모르는 듯이 말했다. 하지만 김혜경의 말은 모두 거짓말이었다. 아무것도 모른다던 김혜경은 불과 며칠 전, 이주영에게 전화를 걸어 이재선을 정신병원에 입원시켜야 한다고 했었다.

얼마나 시간이 흘렀을까. 분위기가 나쁘지 않았고 서로 오해한 것을 풀어 마음이 누그러졌다고 생각될 무렵, 박인복은 김혜경을 보며 말했다. "동호 엄마는 동호 아빠 시장일 잘 도와줘. 나는 우리 신랑이 절대 비판 글 안 쓰게 할게. 예전처럼 각자 위치에서 맡은 일 잘 하면서 살자"고 했고, 김혜경도 "그렇게 합시다"라며 동의했다.

굿바이, 이재명 ──────

그때였다. 이재선이 화장실을 간다고 자리에서 일어났다. 그러면서 푸념처럼 "내가 나온 구멍을 칼로 쑤시고 싶은 기분 ~~~"이라며 비명 같은 독백을 했다. 그 말에 깜짝 놀란 박인복은 이재선을 툭 치며 "말도 안 되는 소리 하지 말라"고 일갈했다. 이재선은 서둘러 화장실로 갔고, 화장실에서 돌아온 뒤에는 웃으면서 김혜경과 헤어졌다. 3시간을 만나 이야기하고 악수까지 나눈 뒤였다.

올가미

                        "니가 인간이냐? 너는 정신병자다. 정신병자가 아니면 어떻게 그런 말을 하지?"

그날 한밤중에 이재명은 또다시 이재선에게 전화를 걸어 저주에 가까운 욕설을 퍼부었다.

"뭐~ 엄마를 어떻게 한다고?"

"제수씨가 그렇게 전하드냐? 우리랑 3시간이나 얘기하면서 각자 잘 지내자며, 남편에게 잘 전달하겠다고 약속하고 갔는데, 이런 전화를 지금 하는 이유가 뭐냐?"

이재선으로선 황당할 수밖에 없었다. 녹음을 하지 않기로 했었는데 김혜경은 휴대 전화를 엎어 놓으며 녹음을 했던 모양이다. 녹음 내용을 듣지 않고서야 그럴 이유가 없었다. 쌍욕과 험

담을 마구 퍼부었다. 김혜경과 헤어지며 화해를 했다고 여긴 이재선으로선 다시 또 아닌 밤중에 홍두깨가 아닐 수 없었다. 경황이 없어 미처 이재명의 쌍욕을 녹음조차 할 수 없었다.

이재명은 이재선을 정신병자라고 낙인찍기 시작했다. 밤낮은 물론 휴일을 가리지 않고 심지어는 근무 시간에도 전화를 하고 문자를 보내 더욱더 노골적이고 극렬한 도발을 일삼았다.

이재선·박인복 부부가 중국 여행을 하고 있던 2012년 6월 4일 저녁 11시경에도 이재명은 이재선 집으로 전화했다. 집에서 혼자 인터넷 강의를 들으며 공부하고 있던 고3 아들 이성호가 전화를 받자 이재명은 이재선·박인복 부부를 찾았다. "나가셔서 집에 안 계신다"고 하였더니, 이재명은 "지금 시간에 집에 있을 텐데 왜 안 바꿔 주느냐?"며 세 번을 반복해 물었다. 마치 이성호가 거짓말을 하고 있다는 말투였다. 참다못한 이성호는 "지금 집에 안 계신다고요"라며 퉁명스럽게 대답을 했다. 그러자 이재명은 "어른한테 말하는 태도가 그게 뭐냐?"며 나무랐고, 이성호는 이재명이 그 즈음 부모님께 자주 전화해 소란 피운 일이 생각나서 "죄송합니다. 집에 전화하지 마세요"라며 전화를 끊어버렸다.

귀국하던 날 아들 이성호로부터 자초지종을 들은 박인복은 그 다음 날로 집 전화번호를 바꿔버렸다. 공개 금지 요청도 함께했다.

같은 날, 김혜경은 며칠 전 이주영으로부터 받은 문자를 뒤늦게 확인하고 오전 7시 30분경 이주영에게 전화를 했다. 밤새 그림을 그리다가 잠자리에든 지 2시간이 조금 지난 이른 시간이었다. 이주영은 그날 울리는 전화기의 발신자를 확인하고 녹음하며 통화를 했다. 이주영으로선 김혜경이 하는 행동이 어른답지 못하다고 여겼던 터라 대화중에 김혜경을 어른이 아니라고 말해버렸다. 그러자 김혜경은 이주영을 향해 몹시 흥분하고 욕설까지 퍼부으며 다음과 같은 판도라 상자를 열어젖혔다.

내가 여태까지 니네 아빠 강제 입원, 내가 말렸거든. 니네 작은 아빠 하는 거. 너, 너 때문인 줄 알아라. 알았어?[32]

이재명이 이재선을 정신병원에 강제 입원시키려고 하고 있고, 그것을 김혜경이 말리고 있었는데 더는 말리지 않겠다는 내용을 김혜경은 자신도 모르게 실토하면서 그 음모가 확실하게 드러난 것이다. 이주영은 그 녹음 파일을 이재선·박인복 부부에게 보냈다.

이재선·박인복 부부는 이주영이 보내 준 녹음 파일을 듣고

---

32 2012년 6월 6일 오전 7시 30분경, 김혜경이 이재선의 딸 이주영에게 전화를 걸어 말했던 내용 녹취.

는 이재명의 음모를 확신했다. 이재선은 맨 처음 이 사실을 귀 띔한 김모 기자에게 전화를 했다. 김혜경이 이주영에게 전화를 해 자신에 대한 정신병원 강제 입원 음모 사실을 실토했다는 것을 알렸다. 그 사실을 전해들은 김모 기자가 이재선의 사무실로 달려왔다.

이주영과 김혜경 사이의 통화 녹음을 이재선 부부와 함께 들어 본 김모 기자가 조심스레 입을 뗐다.

"앞으로 몸조심 하는 게 좋겠습니다."

며칠 후, 이재선은 김모 기자 말대로 세무회계 사무실에 CCTV를 설치했다. 안에서 신원을 확인한 후 사무실 문을 열 수 있게 출입문에도 자동잠금장치를 설치했다. 혹시나 이재명이 보낸 사람에 의해 끌려가 정신병원에 강제로 입원 당하지 않기 위해서였다.

2012년 6월 7일. 이재선, 박인복, 김모 기자가 세무회계 사무실에 함께 있는데 이재선의 휴대 전화가 울렸다. 이재명이었다. 그때 박인복은 이재선으로부터 휴대 전화를 건네받았다. 강제 입원시킬 음모가 드러났으니 이재명에게 다시 한번 확인하고 그러려는 이유를 들어볼 생각으로 녹음하며 통화했다. 그때의 통화 내용이 시중에 유포된 '형수에게 쌍욕하는 이재명' 파일이다.

사실 이재선 부부가 이재명과 통화 내용을 녹음하고 그간 이재명과 주고받은 문자 메시지들을 수집한 것은 이재선이 정신병원에 감금되지 않기 위한 방어 차원이었다. 이재명과의 갈등을 세상에 알린 것도 스스로를 보호하기 위한 것이었다. '이재명이 자신을 비판하는 형을 정신병원에 입원시키려 한다'는 음모를 감지한 이상, 이재선으로선 그것을 주변에 알리는 길밖에 달리 방법이 없다고 여겼을 것이다. 세간엔 이재선·박인복 부부가 의도적으로 이재명과의 통화 내용을 세상에 알렸다고 알려졌지만 그것은 사실과 다르다.

일개 회계사와 성남시장과의 싸움이었다. 누가 봐도 안 되는 싸움이지 않은가. 누가 더 센가? 당연히 시장인 이재명이다. 반면 이재선은 아무런 힘도 없고 보호막이 되어 줄 사람도 없었다. 온갖 수단과 방법을 가리지 않고 공격하는 이재명에 맞서 회계사인 이재선이 할 수 있는 일이라곤 방어밖에 없었다. 권력자의 부당한 권력 행사에 저항하기 위한 일종의 방편이었다. 그러니 이재명이 주장하는 대로 '형 이재선이 동생 이재명을 공격하기 위해 녹음했다'는 인식은 잘못된 것이다.

이미 이재명은 이재선을 정신병원에 감금하기 위해 온갖 악행을 자행했다. 심지어 '이재선이 2002년경부터 경기도 용인 모某 병원에서 정신과 관련 약을 처방받은 적이 있었다' 식의 이야기를 흘렸지만 그것은 사실이 아니란 보도가 있었다. 재판 과정에서 해당 병원 전문의가 재판에 출석해 '이재선 씨에게 처방한 건 정신과 약(조증약)이 아닌 수면제였다'고 증언했다. 무엇보다 해당 병원에서 이재선이 진료 받은 기록이 없다는 사실이 언론 보도를 통해 확인됐다.

어쨌든 이재선·박인복 부부는 이재명과 박인복의 통화 내용이 세상에 알려지면서 2012년 7월 15일까지 이재명의 전화를 수신 거부하고 일체 받지 않았다. 통화를 하며 다른 빌미를 줄 것을 염려해서였다. 그러고는 혹시라도 있을 불상사(강제 입원)를 피하는 게 좋겠다는 생각에 이재선은 2012년 6월 하순경 경남 남해 쪽으로 여행을 떠났다. 박인복의 생각이었다.

아닌 게 아니라 이재명과 김혜경은 전화를 받지 않는 이재선·박인복 부부 휴대 전화로 문자를 폭탄처럼 날렸다.

문자 살인 1

이재명이 이재선에게 날린 문자

 2012.6.5 (화) 아침 7:44 자유인? 기인이라고? 패륜, 탈세, 명예훼손, 공갈, 협박, 폭행 밥 먹듯이 하면서?

굿바이, 이재명 ————

2012.6.13 (수) 오후 2:30 형님. 딴사람한테 내가 욕하더라며 녹음 들려주셨군요^^ 잘 하셨어요. 덕분에 해명한다고 저도 형님이 욕한 거, 이상한 소리 한 거 들려주고, 어머니에게 한 패륜행위, 지금까지 일어난 탈세, 폭언, 협박, 특혜 불륜 등등 다 얘기해 줄 수 있었네요^^ 아예 기자회견 하든지 인터넷에 시장이 욕하더라고 공개 좀 하셔요. 저도 해명 겸해서 할 말 좀 공개적으로 하고 칼 운운, 뭬저라. 불질러 어쩌고 한 형님 녹음 공개 좀 하게요. 제가 먼저 할 수는 없잖아요?

오후 2:31 녹음을 들려준 것이 아니라 녹음파일을 보냈군요. 참 잘 하였어요. 그 파일은 흘러 흘러 다니다가 결국 언젠가 날 공격하기 위해 공개될 것이고 그게 공개되는 날 나는 왜 그랬는지를 설명하기 위해 형님의 존속협박, 패륜, 불륜, 탈세, 특혜, 공갈, 이권개입, 폭력, 욕설, 명예훼손, 업무방해, 공무집행방해, 선거법위반 그리고 특히 정신병 행적까지 다 만천하에 드러나게 할 수밖에 없겠지요. 나는 욕쟁이 시장으로 망신 한 번 당하고 말겠지만 형님은 그 비정상인 행태와 정신병이 만천하에 확인되게 되겠지요.그 잘된다는 회계사 영업은 어떻게 될까요? 기자회견과 언론보도를 통해 고객들이 형님의 이런 정신 나간 행동을 알게 되면 어떻게 될까? 열등감과 시기심 질투심, 급기야 증오심으로 제 가슴속에 지옥불을 만들어 그 불에 스스로 타들어가 서서히 고통 속에 죽어가는 불쌍한 존재… 자비와 애정이란 눈곱만큼도 없이 남의 고통에 무감각한 싸이코패스. 모든 문제 원인.

2012.6.20 (수) 아침 8:34 정신병자 하고 상대하기 싫다.

저녁 8:15 돈에 미쳐 부모도 몰라보고 죽인다고 협박하는 천하의 몹쓸… 이런 인간이 미치지 않았다고?

저녁 8:47 자기 입으로 약 먹은 거 인정해 놓구서…
정신분열까지 가기 전에 조울증 상태서 약 드셔요.

 저녁 9:28 약 드셔. 더 심해지기 전에… ㅉㅉㅉ

 저녁 9:30 이것 저것 베끼고 편집한 걸 글이랍시고…
그래서 미쳤다고 하는 거요^^

 저녁 9:32 미치광이에게 뭘 빌어?

 2012.6.21 (목) 오전 9:04 ㅂㅅ ㅉㅉ 또 발작이네

 오전 9:09 약이나 드세요 조울증 환자님^^

 오전 9:17 개가 사람 보고 짖는 이유는 사람이 무서워
서지. 그냥 물어 짖지 말고. 칼로 어딜 쑤셔? 개잡년놈들

 오전 9:18 그냥 해 이 정신병자야 경고만 하지 말고…

 오전 9:32(추정) 이제 미친 짓 그만하고 주무시우^^
채우지 못할 욕망 때문에 짧은인생 망치지 말고..

오전 9:39 ㅉㅉ 약 먹으면 금방 좋아지는데.

 오전 9:41 니가 한 짓이 소설 같지? 소설에나 나올 짓을 하고 있어서 정신병인거요

 오전 9:54 그만 약 드시고 주무세요^^

김혜경이 박인복에게 날린 문자

 2012.6.22 (금) 오전 7:48 또 알리세요~ 이미 증세 위중 하신 거 대부분 다 아십니다. 산골에 환자를 혼자 덜렁 덜렁 만나러 갈 어리석을 사람 아닙니다. 남들도 생각 있고 아주버님만큼은 못해도 책도 읽는 답니다*^ ^*제발 치

 오전 7:51 그렇게 과대망상과 피해망상으로 아까운 인생 허비하지 마세요. 남의 인생에도 끼어 들지 마시고요.

 오전 8:51 참지마세요~ 뭐든지! 조울에서 정신분열로 넘어간 것 같아요 아무래도

 오전 8:53 하긴 오래되고 병이 중해서 치료도 사실 쉽지는 않을 거랍니다

오전 8:57 이것보세요~ 또 발작이 시작되었네요

 오전 8:58 해결책 있어요~ 병원가세요

 오전 9:01 이게 싸움이라 아무도 생각하지 않아요. 환자의 증상이지!

 오전 9:11 병원에 가서 치료 받으세요 빨리

 오전 11:45 열심히 하세요. 그럴수록 병세만 악화 되실 테니까요. 전문의도 못믿으실 정도가 되었어요. 식구 모두가. 이 병이 얼마나 무서운 줄 아시면 형님께서

 오전 11:58 왜 진단이 두렵습니까? 숨는다고 피해갈 수는 없어요 이제. 차마 우리가 공개 못하는 걸 스스로 해 주시니…

 오후 12:01 사는 게 사는 게 아니라 하소연 하셨다면서요? 이 정도면 감추신다고 증상이 감춰지지 않아요! 성남에서 아주버님 증세가 연구 대상인 거 아세요? 치료 받으세요

전화 내용과 문자 메시지는 공적인 것이 아니었다. 어떡하든 이재선을 약을 올려 흥분시켜서는 욕설과 실언을 유도하고자 한 악랄함 그 자체였다. 이를 근거로 이재선이 정신병자라는 판단을 이끌어 내기 위함이었을 것이다.

이재선의 불효를 꾸짖는다면 당연히 어머니 구호명의 몫이지 장유유서의 질서를 분명하게 따지는 안동 지방 출신으로서 4살 연하의 이재명이 형에게 할 소린 아니었다. 더구나 패륜아를 운운하며 차마 입에 담을 수 없는 욕설까지 하는 것은 있을 수 없는 일이다. 이재명은 자신의 친형을 정신병자로 몰아가기 위한 계략으로 7년 전에 있었던, 가족 간의 사소한 갈등을 악의적으로 그렇게 부풀렸다. 이재선이 미쳐서 한 욕설이라고.

그렇다면 묻고 싶다. 이재명은 자신이 형수 박인복에게 했던 욕설, 말끝마다 달고 사는 천박하기 이를 데 없는 그 욕설은 이재명 논리대로 미치지 않은 사람이 할 소리인 것인가?

비겁한 보복

이 모든 일이 어떻게 우연일까. 시장인 이재명이 배후에서 조종하지 않고는 어떻게 가능한 일이겠는가. 자신에게 바른 소리를 한다는 이유로 자신이 가진 권력을 이용해 온갖 악행을 일삼았다면 그는 분명 악마가 아니겠는가.

권력을 이용한 보복

2016년 9월, 영화 '아수라[33]'가 개봉했다. 개봉 당시에는 흥행되지 않았다가 최근에 주목 받고 있다. 뒤늦게 주목 받는 이유는 딱 한 가지다. 당시에는 영화 내용이 현실에선 도저히 일어날 수 없는 불가능한 일이어서 자신들의 삶과는 무관하다고 여겼을 것이다. 그렇지만 권력을 가진 사람에게 이익을 위해 몰려든 나쁜 놈들의 물고 물리는 아수라 판에 누구든 희생양이 될 수 있다는 사건을 마주하고 보니 먼 이야기가 아니라고 판단했을 터였다.

누구든 희생양이 될 수 있고, 누구든 겪을 수 있는 그 아수라 세상. 그 세상에 이재선과 그 가족이 떠밀려 있었다.

---

33   阿修羅, 불교 용어로 팔부중의 하나. 싸우기를 좋아하는 귀신으로, 항상 제석천과 싸움을 벌인다.

2012년 7월 15일 일요일 저녁 7시경.

이재선·박인복 부부는 천근이나 되는 무거운 발걸음을 어머니 구호명 집으로 옮겼다. 2012년 5월 중순경부터 시작된 이재명, 백종선, 김혜경의 일방적인 폭언 전화와 문자, 그리고 이재선을 정신병원에 강제 입원시키려는 음모를 알게 된 사실을 어머니 구호명에게 알리고 도움을 받기 위해서였다. 마침 이재선·박인복 부부가 도착했을 때는 어머니 구호명과 함께 여동생 이재옥과 그녀의 남편 곽판주, 그리고 막냇동생 이재문 4명이 앉아서 수박을 먹고 있었다.

이재선은 구호명에게 다가가 앉으며 최근 몇 달 사이에 자신에게 일어난 일을 정리한 종이를 꺼냈다.

"어머니, 저에게 이상한 일들이 많이 일어나고 있습니다. 어머니께 알려 드리고 도움 받고자 왔습니다."

이재선은 곧바로 고개를 돌려 그 옆의 막냇동생 이재문에게 따지듯 물었다.

"네가 인터넷에 올린 글[34], 내가 정신병이 있어서 치료할 필요성이 있어 둘째 형과 네가 가족회의를 하고 그 글을 썼다는 게 맞냐? 다른 사람이 써 준 글 아니고? 너는 무슨 근거로 그런

---

[34] 당시 인터넷을 뜨겁게 달군 일명 이재명의 슬픈 가족사. 이재선의 정신병을 치료하기 위해서 이재선을 정신병원에 입원시켜야 한다는 내용을 담아 이재명 형제들 이름으로 올라와 있었다.

글을 써 올렸지?"

그 말에 이재문이 감정 섞인 말을 빠르게 던졌다.

"그래요. 제가 썼어요."

말을 마친 이재문이 자리에서 벌떡 일어났다. 그러고는 다짜고짜 이재선에게 덤벼들었다. 순식간에 벌어진 일이었다. 깜짝 놀란 박인복이 이재선을 끌어안으며 이재문을 막아섰다. 이재옥도 놀라 일어서서 이재문을 붙잡았다. 하지만 둘을 말리는 힘이 부족하여 이재선과 이재문의 몸싸움은 시작되었다. 그 사이 곽판주는 잽싸게 구호명과 함께 현관 쪽으로 피했다.

박인복은 이재선을 안방 장롱 앞에 붙이며 서 있었고, 이재옥은 안방 문 앞에서 이재문을 붙잡았다. 이재선과 이재문은 그런 대치 상태에서 몇 차례 고성을 주고받았다. 그때였다. 이재문이 자신을 붙잡고 있던 이재옥의 손을 뿌리치고 득달같이 이재선에게 달려들었다. 달려오던 힘을 이용해 이재선을 안방 침대로 넘어뜨린 이재문은 이내 이재선 몸 위로 올라탔다. 그러고는 이재선의 왼쪽 엄지손가락을 힘껏 깨물더니 "다시는 형님 안 본다"며 현관 밖으로 나가버렸다. 그 뒤를 따라 이재옥과 구호명도 현관 밖으로 나가버렸다.

곽판주는 작은 방에 혼자 들어가 아예 문을 잠가버렸다. 이재선·박인복 부부는 더 이상 말 상대할 사람이 없다는 사실에 속상해하며 승용차를 타고 집으로 향했다.

경찰에 연행되다

2012년 7월 15일 저녁에 있었던 일은 그게 전부였다.

그런데 승용차를 타고 집으로 향하던 중에 이재선은 이재명으로부터 전화를 받았다. 그 전까지는 이재명의 전화를 차단했다가 어머니 집을 가면서 차단을 해지했다. 이재명은 목소리를 높여 "어머니를 폭행했다"며 심한 욕설을 내뱉었다.

그날 밤, 이재선·박인복 부부가 용인 집에 도착한 시간은 밤 9시 30분경이었다. 이재선이 주차를 하려고 보니 주차장 앞에 경찰차 한 대가 서 있었다. 사복경찰관 3명이 기다리고 있다가 승용차에서 내리던 이재선을 보고는 성큼 다가왔다. "존속폭행 현행범으로 신고가 들어왔다"면서 성남 중원경찰서로 동행을 요구했다. 이재선은 "누가 신고했습니까? 왜, 이 밤에 바로 체포하듯이 데리고 갑니까?"를 물었지만, 경찰관들은 "경찰서에 가서 얘기합시다"를 반복하며 무조건 동행할 것을 요구했다. 거부할 수가 없는 상황이었다.

경찰차가 먼저 출발했다. 그 뒤를 이재선의 승용차가 따라갔다. 차에는 박인복과 방학하여 집에 와 있던 딸 이주영이 동행했다. 중원경찰서로 가던 중에 이재선은 이종사촌형인 서병철에게 전화를 했다. 자초지종을 들은 서병철이 중원경찰서로 급히 달려왔다.

이재선이 중원경찰서에서 조사를 받고 있을 때였다. 복도를 서성이는 곽판주가 박인복의 눈에 띄었다. 박인복은 그에게 다가가 "이게 무슨 일인지"를 물었지만 곽판주는 아무런 대답도 없이 황급히 밖으로 나가 버렸다. 박인복은 그런 곽판주의 뒷모습을 보면서 뭔가 단단히 잘못 돌아간다는 느낌을 떨쳐낼 수 없었다.

새벽 1시가 되도록 이재선의 경찰조사는 계속되었다. 그때였다. 이재명의 수행비서 백종선이 어떻게 알았는지 서병철이 이재선과 함께 있다는 것을 알고 서병철의 형 서병일에게 전화를 걸었다. "이재선이 완전히 미쳐서 구호명, 이재문, 이재옥에게 칼 들고 설치며 찔러서[35] 3명 모두 2주 진단을 받아 이재선이 중원경찰서에서 조사 받고 있어. 근데 당신 동생 서병철이 이재선을 도우면 더 길길이 뛰지 않겠어? 동생 서병철을 빨리 집으로 돌려보내야 하지 않겠어?" 하는 내용이었다. 그 내용을 서병일이 서병철에게 전화로 전달했다. 갈수록 태산이었다.

---

35 당시 이재선·박인복 부부가 어머니 구호명의 집을 방문했을 때는 이재문과 이재옥·곽판주 부부가 어머니 구호명과 함께 수박을 잘라 먹고 있었다. 수박을 잘라 먹던 칼이 있었던 것으로 미루어 단순히 몸 싸움으로 끝난 일이 이재선이 '칼 들고 설치며 찔러서'로 둔갑이 되었던 것으로 짐작된다.

어디 약식명령을 받을 일인가

　　　　　　　　구호명의 집에서 이재선에게
먼저 달려든 것은 막냇동생 이재문이었다. 당연히 이재선과 이
재문은 서로 몸을 접촉한 게 사실이다. 그렇지만 여동생 이재옥
은 이재선과 이재문 사이의 시비를 말리기는 했어도 그 과정에
서 이재선이 일부러 이재옥에게 폭행을 가해 상해를 입힌 사실
이 없다. 이재문도 마찬가지다. 이재선은 일부러 이재문에게 폭
행을 가해 상해를 입히지 않았다. 더욱이 이재옥은 이재문의 몸
을 잡고 말렸을 뿐 이재선과는 몸을 접촉한 사실조차 없다. 어
머니 구호명을 폭행했다니? 단 한 번도 몸을 접촉한 적이 없다.

　그런데 어떻게 이재명 측에서 이재선을 중원경찰서에 고발
할 수가 있는가. 더더욱 놀라운 사실은 이재문, 이재옥, 구호명
이 상해진단서를 발급받아 경찰에 제출했다는 점이다. 작당하
지 않고서야 어떻게 그런 일이 가능한가. 그들은 이재선이 폭행
하여 상해를 입힌 것으로 몰아붙였다.

　백 번 양보하여 이재문과 이재옥의 몸에 멍이 들어 있어 상
해 사실을 일부 수긍한다 하더라도, 구호명의 상해 내용은 '경
추부 염좌상'이었다. 현실적으로 아무런 상해를 입지 않았음에
도 병원에 가서 목을 삐끗하여 아프다면 진찰 후 주사를 맞거나
약을 처방 받을 수 있다. 의사는 거의 예외 없이 '경추부 염좌'로
2주 진단을 하고 진단서를 끊어 준다. 작금의 현실이 그러하다.

그렇지만 수사 기관에서는 피해자가 '경추부 염좌'라는 진단서를 받아 제출하면 이를 무시하지 못한다. 접촉이 없었다는 증거가 명확하지 않고 피해자가 피해 사실을 하소연하면 상해 사실을 꿰맞추곤 하는데, 위 사건 역시 그런 경우라고 확신한다. 결국 이 건으로 이재선은 약식명령을 받았다. 그 과정에서 이재선도 안경테가 부러지고 이재문보다 더 많이 다쳐 치료를 받았다. 이재선은 진단서를 끊거나 고소하지 않았다.

이재선은 법이나 절차를 잘 모르는 것도 있었지만 위의 내용이 포함된 약식명령에 대하여 적극적으로 정식 재판을 청구하지 않았다. 아니 못했다. 당시 여러 가지로 몹시 지쳐 있었다. 그대로 확정되게 내버려 둔 것은 복합적인 부분이 있었다. 그 기재 내용을 사실로 인정해서 다투지 않은 것은 아니었다.

리모컨으로 조종당하는 사람들

2012년 7월 16일 새벽 1시가 넘어서야 이재선은 경찰 조사를 마쳤다. 중원경찰서를 나온 네 사람은 근처 치킨 집에 들어갔다. 막 자리를 잡고 앉는데 박인복의 휴대 전화가 울렸다. 이재명이었다. 이재명은 박인복이 전화를 받자마자 욕을 하기 시작했다. "조사받고 가냐, 이 나쁜 년아!"라고 시작된 쌍욕은 두 번이나 전화를 걸어서 할 만큼 버라 이어티했다. 이재선이 조사를 마친 사실까지 아는 걸로 보아 이재명과 경찰은 서로 내통한 것이리라.

여기서 잠깐 당시 나의 기억을 소환하면 2012년 7월 15일에 이재선이 중원경찰서에서 조사받고 나온 지 얼마쯤 지나서였다. 나는 당시 중원경찰서장으로 있던 박형준과 함께 식사를 같이 한 적이 있다. 식사 자리의 소재는 당연히 이재명이었다.

그때 박형준 서장이 했던 말은 이런 뉘앙스였다. "이재명이가 형을 정신병원에 강제로 입원시켜 달라고 했는데 그걸 내가 어찌 돕습니까"라는. 권력자의 부탁이 있었지만 나름 정의 차원에서 거절했다는 것을 말하려는 듯했다. 그렇지만 그날 이재선을 임의동행 식으로 강제로 연행해 조사를 했던 것은 어떤 쪽으로든 이재명의 손아귀를 벗어날 수 없는 현실이기도 했다.

이재선이 중원경찰서에서 조사받고 나온 이틀 후인 2012년 7월 18일에 수내역 블록인 성남시 분당구 수내1동 소재 '원元복집' 앞 가로수에 큼지막하게 내걸린 현수막이 그 현실을 잘 말해주고 있다. 성사모[36] 이름이 크게 박힌 현수막이었다.

홀로된 팔순 노모에게 폭언과 폭행을 자행한 공인회계사 이재선의 패륜적인 행동을 규탄한다.

---

[36] 성남을 사랑하는 모임.

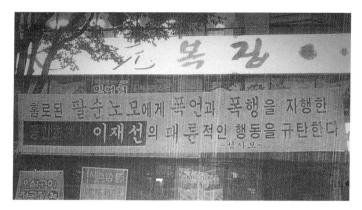

〈사진 3〉 성사모 이름으로 이재선 사무실 근처에 걸었던 현수막. 7월 18일부터 7월 말경까지 내걸었다.

10여일 지났을 무렵에는 현수막 문구를 바꾸어 걸었다.

팔순 노모에게 욕설과 폭행을 자행하는 이재선(공인회계사)의 패륜적인 행동에 시민들은 분노한다!

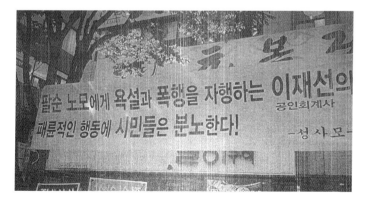

〈사진 4〉 내용을 바꿔 7월 말경부터 8월 13일까지 이재선의 사무실 근처에 걸렸던 현수막.

그곳은 이재선의 세무회계 사무소가 있던 분당구 수내1동과 같은 길목으로 연결되어 있었고, 불과 300~400미터 떨어진 곳이었다. 그뿐만 아니었다. '성사모'라는 단체는 그 이전인 2012년 6월, '이재선 회계사의 실체를 알립니다!!'라는 제목의 유인물을 배포하기도 했다.

현재 이재선 회계사는 중증의 조울증, 과대망상, 관계망상, 피해망상증 등이 의심되어 빠른 치료가 필요해 보입니다.

이재명 측은 거기에서 그치지 않았다. 2012년 7월 15일 어머니 구호명 집에서의 일을 주된 원인으로 하여 법무법인 〈새길〉의 이현용·이병일·이헌제·박소형 변호사를 어머니 구호명의 신청대리인으로 내세워 이재선을 상대로 다음과 같이 가정폭력처벌특례법상 임시처분 및 보호처분을 신청했다.

1. 이재선은 구호명의 의사에 반하여 구호명에게 100미터 이내로 접근하여서는 아니 된다.
2. 이재선은 구호명의 주거 및 직장, 사생활 등 모든 생활 영역에서 면담을 요구하거나 전화를 걸거나, 팩스를 보내는 등의 방법으로 그 평온한 생활 및 업무를 방해하여서는 아니 된다.
3. 이재선을 의료기관에 치료 위탁한다.

굿바이, 이재명 ────

그렇지만 성남법원에서는 2012년 7월 20일 "이재선에게 2012년 9월 19일까지 구호명의 주거(성남시 중원구 성남동 현대아파트)에서 100미터 이내의 접근 금지를 명한다"는 주문의 임시조치 결정만 내렸다. 아무것도 아니었던 일을 부풀려서 이처럼 일사천리로 진행할 수 있는 것은 우연일 수 없다. 이재선으로 하여금 잠시도 쉴 틈을 주지 않고 몰아붙였던 것은 물리적인 힘이 작용했기에 가능했던 것이다.

그리고 2012년 8월경, 소속 불명 10여 명의 사람들이 서울 서대문구 충정로2가 185-10에 위치한 한국공인회계사회 정문에서 "노모를 폭행한 이재선 회계사를 규탄한다"는 구호를 외치며 소란을 피웠다. 그들의 손엔 북과 꽹과리까지 쥐어져 있었다. 공인회계사회 측에 의하면 전무후무한 일이라고 했다.

인터넷에도 예외가 아니었다. 이재명 패거리들로 득실거렸다. 공격적이고 자극적인 거짓 댓글을 끊임없이 올렸다.

용인 사는 어느 저능아와 인뽕이의 멘붕스쿨 (1) - 그럼 니가 팬 80 노모와 형제들의 인격은 뭐냐? 너한테 욕 쳐묵고 고통 받고 있지만 반장동생 때문에 말도 못하는 성남반 친구들의 인격은 뭐냐? (https://m.blog.naver.com/cleannet95/130146095105)

용인 사는 어느 저능아와 인뽕이 멘붕스쿨 (4) - 저능아야~ 니가

한 짓거리의 1/10도 안된다. 넌 붕어 대가리냐? 돌아서면 잊어버리게~~ 그리고 그 글 남아있으면 넌 삐뽀삐뽀야~~ 어떻게든 그것만은 막아보자는 니 동생반장의 마지막 배려야~~ 에효 내가 미쵸 (https://m.blog.naver.com/cleannet95/130146320974)

이 모든 일이 어떻게 우연일까. 시장인 이재명이 배후에서 조종하지 않고는 어떻게 가능한 일이겠는가. 자신에게 바른 소리를 한다는 이유로 자신이 가진 권력을 이용해 온갖 악행을 일삼았다면 그는 분명 악마가 아니겠는가. 그런 것을 그저 지켜볼 수밖에 없었던 이재선은 극심한 스트레스에 시달렸다. 참기 힘든 어려운 고통을 겨우 겨우 견뎌 내고 있던 그가 유독 참기 힘들어했던 것은 어머니에 대한 누명이다. 웬만한 시련 앞에서는 미동도 않던 그가 그 일로 충격을 받은 듯했다. 보다 못한 박인복은 그런 환경에서 잠시라도 벗어나게 하기 위해 해외여행을 권유했다. 2012년 8월 2일에서 9일까지 딸 이주영과 함께 베트남을 다녀오게 했다. 이후 2012년 9월에는 이재선 혼자 보름여를 베트남 여행을 다녀오게 했다.

이재명은 이재선이 해외에 머물 동안이나 그 전후로도 계속해 문자 폭탄을 날렸다. 백종선과 함께 양쪽에서 날렸다.

문자 살인 2

이재명이 이재선에게 날린 문자

2012.7. 16. (월) 오후 10:54 의회난동 경찰연행, 교회협박 경찰출동, 어머니폭행 경찰체포… 연일 형님 이름이 언론에 나는군요. 축하해요^^ 유명해지고 싶어 안달하셨으니 소원을 이루셨네ㅋㅋ
또 먼가 사고를 쳐서 언론에 나겠지만 이제 거의 끝까지 온 것 같네요. 그간 쫓아다니느라 수고 많이하셨수^^ 별소득도 없이 망가지고 깨지시느라..ㅋ
형님이 말씀하신 것 중에 어머니 폭행은 했으니, 이제 칼로 어면 구멍을 쑤시는 거 하고, 어머니 뒈지게 하는 것, 어머니 집과 교회 불 지르는 것만 남았네?
ㅂㅅ ㅉㅈㅇ^^
낚시꾼이 바늘 넣어 던져 준 미끼지렁이 덥석 물고 지렁이 괴롭히고 먹는 재미에, 자기가 낚시꾼에 잡히는 것도 모르는 붕어수준아이큐로 멀 하겠다고.. 끌끌..
형님이 부처수준으로 거듭나셨다구?
지렁이 물다가 낚싯바늘에 찢어진 붕어주둥이 꽤 아플텐데... 어쩌나?
어머니와 형제자매들에게 패륜 행위한 거 진지하게 무릎 꿇고 사과하면 용서해 줄께…
사죄는 형수님도 똑같이 해야 돼.
형님보다 더 나쁜 여자니까 어떠시우 내 조건이? ㅎㅎ

오후 10:57 참 좋아하시는 공개는 꽤 많이 하셨던데 효과 좀 보셨나요?

 오후 10:57 ~ 2012.7.17 (화) 오전 7:08 내가 남을 때린다. 상대방도 나을 때린다. 근데 저놈이 왜 나를 때리지? 이게 바로 당신의 현재 모습, 붕어 머리 수준으로

 오전 7:08 어머니 폭행해놓고 이제 와서 오리발? 그래서 녹음하려고 어머니에게 전화했구려ㅋ. 어머니가 당신 무서워 집에도 못 들어가고 계셔요. 이 악마 같은 한심한 인간아.
책을 많이 읽어서 당신이 예수나 석가보다 못할 게 없다고? 붕어 수준으로 망가진 머리로 위대한 존재가 되었다고 과대망상에 빠져서 하는 짓이라니...
미끼 물어 주둥이 찢어지고서도 또 물고, 미끼 안 바꾸고 또 던져도 그 미끼 또다시 무는 붕어...
의회난동, 어머니 위협, 교회방화협박, 어머니 폭행도 누군가 만든 일 같지? 붕어 수준 머리로 보면 그렇게 이렇게 말해도 모르겠지만 천륜도 모르는 조카따님이나 욕심과 시기심에 눈 멀었지만 그래도 정신병은 아닌, 제가 똑똑한 줄 착각하며 남을 바보로 아는 진짜 바보 형수님 보시라고…^^"

 2012.7.22 (일) 오전 11:37 의회난동, 어머니 위협, 교회방화협박, 어머니 폭행도 누군가 만든 일 같지? 붕어 수준 머리로 보면 그렇게 볼 수도 있겠지...
어머니 어디를 칼로 쑤신다고 말하는 감정은 어떤 거지? 싸이코패스가 분명 맨 정신으로 어떻게 그런 말을, 아니 상상이나 할수 있겠나?

굿바이, 이재명 ————

전지전능하신 형님 이제 그만 정신병 치료 받으셔요 더 망가지기 전에…
다른 사람도 다 형님 수준의 사고력을 가지고 있다는 걸, 아무리 잘난 체 해봤자 형님도 평범한 인간인걸, 거기다 정신병 방치해서 뇌가 초딩보다 못하게 망가졌다는 걸 인정하고..WW 동정심조차 안 생기게 더럽게 미쳐버린 형님… 다음사고는 과연 멀로 칠까?."

 오전 11:52 자랑하던 회계사 영업은 잘 되고 있나? 좀 걱정되네 자중하시지 그랬어.
어떻게 날 낳아준 어머니를 그것도 XX를 칼로 쑤신다고 할 수 있는지.. 어떻게 엄마를 때릴 수 있는지.. 인간 말종..
네 딸과 아들도 너한테 그리 할 거다. 패륜아… ㄱㅇ

 오후 12:05 니놈이 엄마를 폭행하지 않았다면 엄마가 가짜 진단 떼서 널 무고했던 말이냐? 안 그래도 목 아프다는 80노모 목을 주먹으로 팼냐? 이젠 어머니를 자해 공갈단 취급 하냐? 미친놈.. 약 올라 죽겠지? 그것도 내가 만든 것 같지?
엄마 거시기를 칼로 쑤시고 싶다는 놈아. 그게 철학적 표현이라고? 철학 두 번만 했다간 엄마 잡아먹겠다 이 호로자식아..
박인복 마누라, 이주영 딸, 이성호 아들까지 이 더러운 일에 동원하는 정신병자. 용기 있으면 이것도 공개해라.

2012.9.2 (일) 오전 12:51 어머니가 너한테 협박당하고 얻어맞으신 뒤에 집 현관문도 못 열고 사신다. 아직도 어머니를 니가 나온 구멍을 칼로 쑤셔 죽이고 싶으냐 이 개 같은 놈아. 돈도 안 번 어머니가 건방지다고 했어? 니 마누라는 설사하는데 어머니는 죽어도 된다고? 그게 도대체 말이 돼? 미쳐도 이렇게 더럽게 미친놈이 있나? 어머니 연세가 올해 82이다 이 죽일 놈아. 전화 받아라 이 나쁜 자식아. 내가 시장을 그만두는 한이 있어도 널 용서할 수가 없다. 어머니가 사시면 몇 년이나 더 살겠냐. 너 언젠가는 나한테 죽는다. 내가 지금까지 참았는데.. 이젠 더 못 참는다.

백종선이 이재선에게 날린 문자

 2012.7.17 (화) 오후 5:11 재밌지? 이 인간들아!!!
앞으로 일어날 상황들도
재밌게 즐기면 될 꺼야 후후
이재명 사람들이 당신들이 해놓은 짓거리들 평생 기억할 테니까~~기대해

 밤 10:45 제발 용서하지 말라 재선야 ㅋㅋㅋ[FW]

 밤 10:48 너는 미친놈!
나는 돌아버린 놈이거든!
앞으로 잘지켜 봐라 재선아 하하하[FW]

밤 11:06 마누라 치마폭에서 그만 헤쳐 나오시게 이 사람아
ㅋ불쌍타~~뒤에서 조타질 하는 마누라가 그리 좋아 흐흐~~고학력 마누라 둬서 좋겠다ㅋㅋ

밤 11:53 재선아! 나7급 공무원 좀 제발 그만 두게 해줘라 그만 두고 싶어 미치겠다
이거 그만 둬야 내 맘대로 좀 해보지
그래야 너나 너 마누라 좀 편하게 만나지
낼 좀 어떻게 해봐라

2012.7.18 (수) 새벽 5:53 난 명바기가 내 편이다 ㅎㅎ 이붕신 저능아야~~138짜리붕어대가리야~~얼른 니 마누라 치마속에서 나와라
니 마누라가 이젠 글도 쓴다매 니 딸 니 아들도 같이 쓰라고 해 이저능아야
글구 서병철씨 사업 잘하라고 가서 전해라 똘선아 ㅋㅋ

아침 7:55 제발 좀 그렇게 해 흐흐흐
글구 전화좀 받아라 이어벙야

2012.7.26 (목) 밤 9:34 보기좋을꺼야 ㅋㅋ

2012.8.10 (목) 밤 11:18 네 장모에게도 인복이 나온 구멍 쑤셔 죽인다고 한번 해봐라 개 같은 미친색휘야

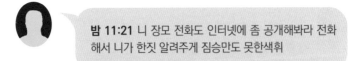

밤 11:21 니 장모 전화도 인터넷에 좀 공개해봐라 전화해서 니가 한짓 알려주게 짐승만도 못한색휘

밤 11:26 두 번 간통했다고 인터넷에 자랑하듯 공개하셨는데 재미는 좋던가요? 붕신 ㅋㅋ

밤 11:29 니가 어머니 욕하고 때리는 건 좋고 동생이 너한테 욕한 거는 죽일 일이라고 녹음해서 공개냐? 붕신

밤 11:33 네아들 전화번호, 니아들과 이재명 시장님 통화 내용도 좀 공개해라 똘선씨

밤 11:36 딸에게 어머니 구멍을 칼로 쑤셔 죽인다고 하는 철학에 대해 얘기좀 했나? 딸이 안 물어보던가?

2012.9. 중순(추정) 저녁 8:34 똘선아 니딸한테니가한짓쪼끔알려주고니가니엄마한테한것처럼하라고갈쳐줬다. 잘했지?

저녁 9:18 니딸년이나중에늙고병든너에게좆을칼로짤라죽인다하고철학이라주장하면 칭찬해줘라

굿바이, 이재명

저녁 9:19 똘선이 개망나니야 베트남에서 노상강도 만나 총맞아뒈져버려라.

 저녁 9:19 니딸년이나중에늙고병든너에게좆을칼로짤라죽인다하고철학이라주장하면 칭찬해줘라

 저녁 9:24 노상강도당해서 뒤지지는말고 척추가부러져 서반병신만되어라. 평생못일어나게- 개새끼

 저녁 9:24 니딸년이나중에늙고병든너에게좆을칼로짜라죽인다하고철학이라주장하면 칭찬해줘라 (동일문자 3회 보냄)

 저녁 9:24 똘선아 니딸한테니가한짓쪼끔알려주고니가 니엄마한테한것처럼하라고갈쳐줬다. 잘했지? (동일문자 2회 보냄)

이처럼 이재명은 백종선과 함께 이재선을 끊임없이 자극했다. 기필코 정신병원에 강제 입원시키려는 듯이. 없던 병이 생기고도 남을 악행들이었다.

이 재 선

PART 7

브레이크가 없다

2012년 당시 정신보건법에 따르면 '시장·군수 등에 의하여 자신이나 타인을 해할 위험이 있는 정신 질환 의심자를 강제 입원시킬 수 있는 조항'이 있었다. 이재명은 이 법을 이용해 눈엣가시 같은 이재선을 정신병원에 강제 입원시키려 했고, 그러기 위해선 그에 따른 증거들이 필요했던 것이다.

100미터 이내 접근금지
명령이라니?

2012년 7월 25일. 이재선은 또 하나의 법원 통보를 받아 들었다. 이재선과 박인복은 그 사실을 믿을 수 없었다. 이재선에게 100미터 이내 접근금지를 신청한 사람이 다름 아닌 어머니 구호명이었기 때문이다. 그것도 법무법인을 통해서였다. 사건이 접수된 시기는 이재선이 2012년 5월 28일 구호명의 집을 다녀온 직후로 추정된다. 이재선으로선 도저히 납득이 되지 않는 일이었다.

그날은 이재명과 그 수행비서의 악행을 호소하며 어머니의 도움을 받아 이재명과 통화를 하고 만날 작정으로 구호명 집을 방문했었다. 구호명의 전화를 받은 이재명이 '자신은 모르는 일이고, 형이 잘못해서 그런 것 아니냐'는 말을 하며 화를 내기에 구호명과 10여분의 이야기를 나눈 후 이재선은 구호명의 집을 나왔다. 그때 어머니 구호명은 이재선을 승강기 앞까지 따라와 서는 배웅하며 "아들아 잘 가거라"라는 인사까지 했었다.

그랬던 분이 자신을 존속협박의 위협을 느껴 법원에 접근금 지를 신청했다고? 이재선을 파렴치한 아들로 만들고 가족들에 게 피해만 주는 정신병자로 몰아 강제로 입원시킬 증거를 만들 기 위한 누군가의 소행이 뻔했다.

그랬다. 2012년 당시 정신보건법[37]에 따르면 '시장·군수 등 에 의하여 자신이나 타인을 해할 위험이 있는 정신 질환 의심자 를 강제 입원시킬 수 있는 조항'이 있었다. 이재명은 이 법을 이 용해 눈엣가시 같은 이재선을 정신병원에 강제 입원시키려 했 고, 그러기 위해선 그에 따른 증거들이 필요했던 것이다.

---

[37]　2012년 시행된 정신보건법
　　제21조(보호의무자) ①정신질환자의 민법상의 부양의무자 또는 후견인은 정신질환 자의 보호의무자가 된다. ②제1항의 규정에 의한 보호의무자 사이의 보호의무의 순 위는 부양의무자·후견인의 순위에 의하며 부양의무자가 2인 이상인 경우에는 민법 제976조의 규정에 따른다.
　　제25조(시장·군수·구청장에 의한 입원) ①정신질환으로 자신 또는 타인을 해할 위험 이 있다고 의심되는 자를 발견한 정신건강의학과 전문의 또는 정신보건 전문요원은 시장·군수·구청장에게 당해인의 진단 및 보호를 신청할 수 있다.
　　②제1항의 규정에 의하여 신청을 받은 시장·군수·구청장은 즉시 정신건강의학과전 문의에게 당해 정신질환자로 의심되는 자에 대한 진단을 의뢰하여야 한다.
　　③정신건강의학과전문의가 제2항의 정신질환자로 의심되는 자에 대하여 자신 또는 타인을 해할 위험이 있어 그 증상의 정확한 진단이 필요하다고 인정한 때는 시장·군 수·구청장은 당해인을 국가나 지방자치단체가 설치 또는 운영하는 정신의료기관 또 는 종합병원에 2주 이내의 기간을 정하여 입원하게 할 수 있다.
　　④제3항의 규정에 의한 자신 또는 타인을 해할 위험의 기준은 제28조의 규정에 의한 중앙정신보건심의위원회의 심의를 거쳐 보건복지부 장관이 정한다.

굿바이, 이재명 ────

또 다른 국면

2012년 7월 15일 어머니 구호 명의 집에서 있었던 소란에 대해 중원경찰서 경찰관은 이재선과 이재문을 형사입건하여 수사했다. 2012년 9월 5일 수원지방검찰청 성남지청으로 사건을 송치했다. 사건번호는 성남지청 2012형제22293호였다. 이재선은 그 사건으로 당일 밤늦은 시간까지 중원경찰서에서 1회 조사받은 것 이외에는 경찰에서 더 이상 조사받은 것이 없다.

그러다가 이재선이 성남지청 이종혁 검사로부터 연락을 받은 것은 2012년 9월경이었다. 이재선이 혼자서 보름간 베트남을 다녀온 직후였다. 성남지청에 가서 조사를 받았다. 며칠 후 박인복도 성남지청에 가서 참고인 조사를 받았다. 박인복의 조사담당자는 여자였다. 박인복의 조사를 마친 후 그녀는 "별일도 아닌데요"라며 "성남시장 가족들이 별것도 아닌 것을 문제 삼아 사건화하였다"라며 의아해했다.

그 무렵 이재선은 인터넷 『굿타임즈』의 기자 한 명을 형사 고소했다. 구호명의 집에서 있었던 일을 제대로 사실 관계를 확인도 하지 않고 과장 보도한 때문이다. 그 사건을 진술하기 위해 성남지청에 들른 이재선은 지정된 시간이 되어도 피고발인 조사가 끝나지 않았다며 좀 더 기다려야 한다는 말에 왠지 불안한 마음이 들었다.

또 검찰에서 조사를 받은 지 한참이 지나도 2012년 7월 15일 사건의 처리 결과가 나오지 않아 걱정이 되었다. 혹시 담당이었던 이종혁 검사를 만나면 어찌된 일인지 물어볼 수 있을까 하여 이재선은 3층 이종혁 검사실 앞을 기웃거렸다. 마침 그 광경을 본 이종혁 검사가 그를 불렀다. 검사실 안으로 들어서자 이종혁 검사는 파티션이 있는 검사 책상 옆으로 앉게 했다. 그러고는 조용하고 나지막한 목소리로 입을 뗐다.

"사건은 별 거 아닌데, 죄명이 여러 건이다 보니 이게 문제가 될 것 같습니다. 회계사님은 몇 장 안 되는 자료를 제출하셨지만 상대방은 책처럼 두툼한 자료를 제출한데다 변호사 출신의 현직 성남시장과 관련된 일이잖습니까. 주위[38]에서 관심 갖는 사건[39]인데 회계사님이 낚이신 것 같습니다."

이종혁 검사의 말을 들은 이재선은 아주 복잡한 심정으로 귀가했다. 아내 박인복과 심각하게 의논했다. 그 이전까지 이재선은 그 사건을 소란 피운 정도로 가볍게 여겼었다. 이후로 심각성을 깨달은 이재선은 박인복과 변호사 선임을 두고 고민했고

---

38 상부를 지칭하는 듯.
39 압력 받는다는 의미.

162

의논 끝에 실제로 변호사를 선임했다. 그 변호사가 선임계를 제출하지 않고 사건을 처리하겠다고 하여 그렇게 하기로 했다.

2012년 12월 14일. 담당검사 이종혁은 위 건의 조사 결과 시한부 기소중지를 했다. 이재선의 어머니 구호명과 그 형제들이 "이재선의 정신병적 증세로 인해 본 건이 발생한 것이고, 매년 봄 무렵이면 이상증세가 나타나 재범의 우려가 있다"고 주장하여 이재선 자신도 정신 감정을 받겠다고 했다. 따라서 이재선의 책임조각사유, 치료감호사유의 유무를 판단하기 위해 정신 감정의 필요성이 있다는 이유로 감정 결과가 도착할 때까지 그러한 조치를 내렸던 것이다.

동시에 검찰은 이재선에게 정신 감정을 받아올 것을 요청했다. 이재선은 자신의 비용을 들여 성남시 분당구 야탑동 소재 맑은샘심리상담연구소 배성훈 1급 임상심리사를 찾아가 정신 감정을 요청하고 검사를 받았다.

2012년 12월 27일. 검사 결과 이재선은 "유의미한 정신과적 장애 및 정서적 어려움을 나타내고 있지 않은 상태로 판단된다"는 정신 감정 결과를 받아들고 그 결과를 성남지청에 제출했다. 성남지청은 기소중지 되었던 위 사건을 2013년 1월 4일에 2013 형제983호로 수사를 재개하여 백상준을 담당검사로 지정했다.

백상준 검사는 이재선에게 전화로 "사건의 원만한 처리를 위해 어머니 구호명의 처벌을 원하지 않는다는 서류를 받아오면 좋겠다"는 내용을 전했다. 이재선은 박인복과 함께 접근금지처분이 되어 접근할 수가 없었다. 그러니 구호명으로부터 처벌불원서를 받는 일은 요원했다. 그 사실을 알게 된 딸 이주영이 '자신이 다녀오겠다'고 나섰다.

2013년 1월 9일 수요일 점심 무렵. 이주영은 처벌불원서 양식을 준비해 이재선의 이종사촌 형인 서병일과 함께 성남시 중원구 성남동 소재의 구호명 집을 방문했다. 당시 구호명은 집에 있었다. 이주영과 서병일은 함께 구호명의 집안으로 들어갔다. 함께 있는 자리에서 이주영은 구호명에게 처벌불원서 양식을 내밀며 말했다. "검사가 아버지 처벌을 원하지 않는다는 할머니 각서를 받아오라고 했다. 제발 할머니께서 중재해 이 일을 해결하는 방향으로 해달라"는 내용을 전하면서 설득에 나섰다.

서병일도 함께 구호명을 설득했다. 하지만 구호명은 단호했다. "못해 준다"며 분명하고 또렷하게 몇 번을 거절했다. 급기야 이재명에게 전화하여 상황을 전달했다. 그러자 이재명은 서병일에게 전화를 했다. "왜 남의 일에 나서느냐? 그러지 말라"며 한참을 설득했다. 그러고는 "이주영을 데리고 나가라"며 버럭 화를 냈다.

어머니 구호명은 이재선이 정신과 치료를 받아야 한다고 확신하는 듯했다. "이재선이 정신질환 치료만 받으면 된다"는 말을 반복했다. 구호명은 이재명과 의논하고 그 요청에 충실히 따르는 모습을 보였다.

그때였다. 성남시 공무원 2명이 구호명 집으로 들이닥쳤다. 불과 몇 분 지나지 않아서였다. 이재명이 보냈던 것이다. 그럴 필요가 없다는 구호명의 사양에도 불구하고 엄기섭과 배 비서 등을 보내 구호명을 보호하게 했다. 이재명은 시 공무원들을 공무가 아닌 사적인 업무에 동원했다. 말하자면 이재명은 혹시나 구호명이 이주영에게 처벌불원서를 써 줄 것을 염려했다. 그랬다가는 자신의 계획이 어긋날 게 뻔했기 때문이다. 어떡하든 막고자 했다.

　이주영은 쫓겨나다시피 구호명 집을 나와야 했다. 기막힌 상황에 속울음을 삼키면서.

　한편, 백상준 검사는 이재선이 구호명으로부터 처벌불원서를 받을 수 없다는 사실을 알고는 더는 아무런 조사도 하지 않았다. 그렇게 사건을 끌다가 2013년 4월 8일에 이르러 이재선에게 상해, 건조물침입, 폭행, 존속협박[40], 업무방해 등 6가지 죄명으로 벌금 500만 원의 약식 명령을 청구했고, 법원 판사는 청구대로 약식명령을 내렸다.

40　2012년 5월 28일. 이재선은 어머니의 도움을 받기 위해 어머니 집을 방문했다. 이재선에 대한 이재명 수행비서 백종선의 갖은 협박을 막아 줄 것을 이재명에게 요구했으나 이재명이 답변을 하지 않자 이재선은 어머니 집을 방문해 어머니로 하여금 이재명과 통화를 한다. 그 과정에서 어떡하든 이재명을 어머니 집으로 오게 할 생각으로 이재선이 '어머니 집으로 이재명이 오지 않으면 그 집을 불싸지른다'라고 한 것을 존속협박으로 고소한 사건. 당시 협박의 상대는 어머니가 아닌, 이재선과 통화를 하고 있던 이재명이었다.

하나씩 오지 않는 불행

이재선은 좀체 잠을 이루지 못했다. 2012년 12월 말경부터는 더더욱 그러했다. "죽고 싶다"는 말을 달고 살았다. "어떻게 내 동생이 나한테 이럴 수 있느냐? 어머니도 어떻게 이럴 수 있느냐? 세상으로부터 버림받은 느낌이다"는 생각에 비관적인 말을 되뇌었다.

삶의 의욕을 완전히 상실한 사람처럼 괴로운 나날을 보냈다. 그런 와중에도 인터넷에서 자신과 이재명의 관련된 글을 찾아 읽고는 댓글을 쓰며 마음에 큰 상처를 받곤 했다. '이재선과 박인복이 이재명을 음해하여 성남시장을 못하게 하려고 난리치고, 어머니를 죽이려 했고, 비리를 저질렀으며, 교수 청탁을 하는 등 부부가 쌍으로 미쳐 날뛴다'는 식의 말이 도배가 되었던 것이다. 억울하고 또 억울한 일이었다. 이재선의 잠 못 드는 밤은 계속됐다.

2013년 3월 16일 토요일 오후 3시 20분경이었다. 심신이 지칠 대로 지쳐 있던 이재선은 깜빡하는 사이 졸음운전으로 중앙선을 침범해 마주 오던 5톤 트럭과 충돌했다. 대형 교통사고를 일으킨 것이다. 그 사고로 이재선은 무릎의 열린 상처, 볼과 볼 점막의 열린 상처, 안와내벽골절, 갑상연골골절, 외상성 혈흉, 좌측 슬부 후방 십자인대 파열 등으로 전치 12주 이상의 중상을 입었다.

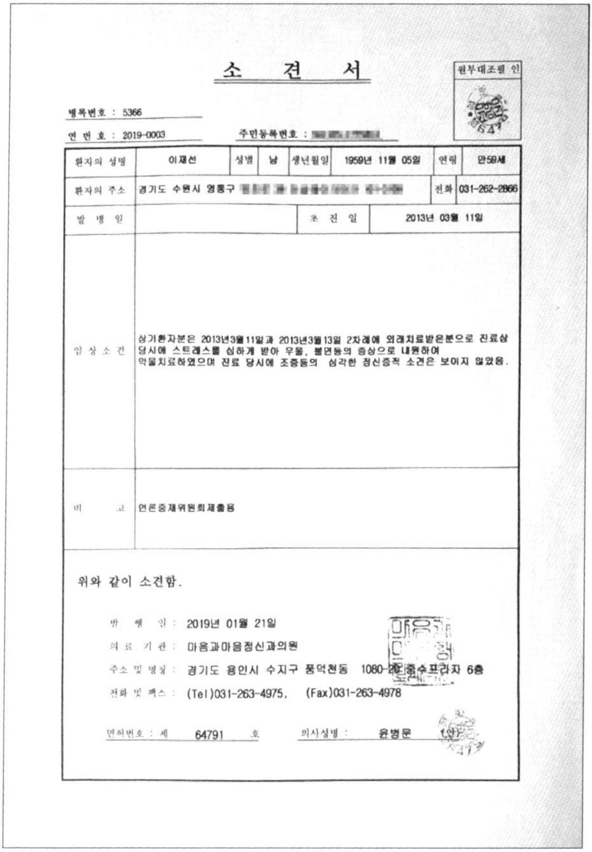

〈사진 5〉 교통사고 직전 정신과의원을 찾은 이재선

이재명이 인터넷에 이재선에 대한 온갖 음해 글을 도배해 놓은 것을 보고 극심한 스트레스를 받아 우울과 불면 상태였던 이재선. 정신증적 소견은 없었다. 그렇지만 이어지는 불면 상태에서 운전을 하다 교통사고를 냈다.

이재선은 안중 백병원에서의 1차 응급처치를 하고 분당서울 대병원의 2차 응급치료를 거쳐 성남시 수정구 수진2동 소재 정병원 등에서 2014년 8월 초까지 1년 반 동안 치료를 받았다. 여러 차례의 수술을 받았던 터라 치료와 재활에만 전념할 수밖에 없었다. 당연히 다른 것은 신경 쓸 여유가 없었다.

이재명과의 갈등으로 상황이 더 악용될 가능성을 염려하여 가족들은 사고 소식을 아무에게도 알리지 않고 지냈다. 박인복의 친정식구들 이외에는 이재선의 사고를 아는 사람이 없었다.

2014년 8월 13일 수요일. 박인복은 이재선이 어느 정도 치료가 되어 거동에 큰 어려움이 없는 상태가 되자 가족 여행을 떠났다. 이재선은 아내 박인복과 아들, 딸, 장모, 처형 등과 함께 충남 태안군의 천리포 수목원을 구경하고 부근 리조트에서 휴식을 취한 다음 날 귀가 길에 올랐다. 도중에 안면도 수목원에 들르는 바람에 집에는 늦게야 도착했다.

당시 이재선의 가족들은 이재명은 물론 구호명과 일체 연락을 끊고 지냈다. 다른 형제들과도 마찬가지였다. 그런데 2014년 8월 16일 토요일 저녁, 느닷없이 이재명에게서 문자가 날아들었다. 그것도 한없이 모욕적이고 저주를 퍼붓는 듯한 문자 폭탄이었다.

굿바이, 이재명

이재명이 이재선에게 날린 문자

2014.8.16. 토요일 저녁 9:35 이재선 박인복 개차반
망나니..
니 친동생 재옥이가 저 세상으로 갔는데도 장례식조차
안 나타나는 패륜아들..
너는 나한테 친형님 그리 강조하더니 친여동생이 억울
하게 죽었는데 콧베기도 안보이는구나
너희 부부는 나 만나지 않게 조심해라
너희들만 독하고 똑똑한 게 아니다
나도 니들부부만큼 독하다는 거, 최소한 니들만큼은 지
능이 된다는 거 알아둬라

니들 부부가 어머니 때리던 날 재옥이 두들겨 패서 피투
성이 되게 한 그날부터 재옥이가 머리가 아프다고 하더
니 결국 피투성이가 되었는데도 "때린 일 없는데 동생들
이 거짓말했다"고 억지 글 써서 얼마나 상처 입었는지
아느냐?

증거 없으면 뭐든지 오리발 내고 거짓말하는 너 같은 것
들이 이런 일로 꿈쩍이나 하겠냐만..
재옥이가 살았을 때 그러더구나 니들이 정말 죽도록 밉
다고..

어머니 아래 구멍을 칼로 쑤셔 죽인다고 하는 개만도 못
한 놈아
그런 표현은 철학적 표현이라는 돼지만도 못한 인복이
년 데리고 잘 살아봐라
천벌은 곧 받게 될 거야
저승에서 재옥이가 너흴 기다리고 있을 거다
그리고 너와 인뽕이년 둘이서 더 열심히 해봐라
내가 인복이 인터뷰영상 삭제를 왜 하지 않고 있는지,
너의 인터뷰 기사를 왜 안 지우는지는 너희들 돌대가리
로는 죽을 때나 되서 알게 될 거다 아니 그때도 모를 거
다 단세포 멍충이머리로는

어머니가 어떤 상태인지 패륜 부부에겐 관심도 아니겠지
어머니가 집을 미리 조치안하면 본인사후에 돈에 눈먼
니들 행패부릴까봐 권리주장 못하게 미리 조치하라시
더라
글구 약좀 먹어라
요새 다시 증세가 시작되더군 가급적 인복이도 같이

저녁 9:46 재옥이 장례식장 사진이다.
니년놈들이 나중에 재옥이 장례식장 갔었다고 거짓말
할 때 이용해라
살아 있을 때보다 더 예쁜 입관 때 얼굴 사진도 있다만
너희 짐승같은 것들은 그런 것까지 볼건 없다
냉장고에서 나와 염을 하고 있는 차디찬 재옥이 시신 뺨
에 입술을 대고 눈물로 약속했다

니놈이 재옥이한테 한 짓, 사죄도 않고 장례식에도 안
온 일, 어머니와 내게 한 짓, 다른 형제자매들에게 한 짓
을 그 열배 백배로 돌려주겠다고..
너와 국정원과 손잡은 패륜 국정원과 새누리당에도 반
드시 그 빚을 갚아주겠다고..

재옥이 시신이 연기와 한줌의 재로 변한 오늘 밤..
원래 그랬던 것처럼 발 벗고 잘 쳐자거라.
짐승들아..

조만간 사무실로 한번가겠다 니놈과 인복이년 표정 한
번 봐야겠다

굿바이, 이재명

2014.8.17. 일요일 아침 8:35 이재선 박인복이 두연
놈은 전화 받아라
여동생이 죽었는데도 콧베기도 안보이는 개차반 인간들..
그러고도 니들이 개보다 나은 인간들이라고 할 수 있느냐?
국정원 새누리당과 놀아나는 집단싸이코패스들

기어이 정신병원으로 내몰다

이재선은 교통사고 후유증으로
외상 후 스트레스가 극심했다. 이재명이 여동생의 죽음 소식을 알
리며 보낸 모욕적인 문자를 받은 후부터 증세는 날로 심해졌다.
아주 작은 일에도 쉽게 흥분했다. 제대로 잠을 이루지 못했다. "사
실을 밝혀야 한다"며 인터넷에 몰두하는 등 돌변했다. 이재선은
그때부터 자신을 정신병원에 강제 입원시키려 했던 구성수·이형
선 보건소장 등 관계자들을 만나거나 전화 통화를 시도했다. 현수
막을 걸고 유인물을 뿌렸던 성사모를 분당경찰서에 명예훼손죄
로 고소하는 등 적극적인 행동에 나섰다.

이재선은 다시 인터넷에서 자신에 대한 비방의 글과 이재명
에 대한 자료를 찾기 시작했다. 댓글을 쓰는 일로 밤새는 일이
잦아졌다. 불면증까지 찾아와서 잠 못 이루는 나날이 이어졌다.
그렇게 잠을 못 자고 지내는 날이 많다 보니 심신은 지칠 대로
지쳐갔다. 해질 대로 해져 만신창이가 됐다.

충동적인 행동이 잦아지고 낭비벽이 심해졌다. '술 취해 전화하는 것 아니냐'는 오해를 받을 만큼 교통사고 후유증으로 발음도 부정확했다. 전화 통화를 할 때면 상대방이 자신의 말을 알아듣지 못한다며 짜증내기 일쑤였다. 그런데도 이재선은 전화통화에 매달리는 일이 많았으며 그럴 때마다 합리성이 결여된 말을 쏟아내곤 했다. 교통사고 이전의 이재선과 이후의 이재선은 완전히 딴 사람이었다.

이재선의 아내 박인복과 자녀들은 더는 그대로 방치할 수가 없다고 판단했다. 고통의 늪에 빠져 허덕일 불행의 급류에 떠내려가는 이재선을 속수무책으로 바라볼 수만 없던 가족들은 걱정과 고민 끝에 경남 창녕군에 있는 국립부곡병원 전문의를 찾아갔다. 상담과 진료를 받았다. 그 결과 '양극성 정동장애, 현존 정신병적 증상이 없는 조증' 진단을 받고, 전문의 권유대로 입원 치료를 했다. 그때가 2014년 11월 21일부터 2014년 12월 29일의 일로 약 40여 일간이었다.

그러니까 이재명이 2012년 4~5월경부터 몇 달간 이재선을 정신병원에 강제 입원시키려던 때와는 시기적으로 2년 6개월의 차이가 있다. 결국 이재명은 직권을 이용해 이재선을 정신병원에 강제로 입원시키려던 것을 성공하지는 못했다. 하지만 그 과정에서 이재명이 이재선에게 행했던 온갖 악행들로 이재선은 몸과 마음에 큰 상처를 입고 말았다.

굿바이, 이재명 ─────

이재명이 이재선을 정신병원에 강제 입원시키려던 시기로부터 정확히 2년 6개월 후, 이재선은 죽지 않고 살기 위한 몸부림으로 경남 창녕군 국립부곡병원에 입원했다. 그는 그렇게 살기 위한 나름의 걸음을 뗐던 것이다.

퇴원 후 남겨진 것들

이재선은 국립부곡병원에서 퇴원한 이후 2015년 말까지는 서울 강남구 논현동 소재 강남을지병원에서 2~3주에 한 번씩 통원 치료를 받았다. 2016년 접어들어서는 서울 노원구 상계동 소재 상계백병원으로 1달에 한 번 통원 치료를 다녔다.

국립부곡병원을 퇴원한 후부터 2016년 10월 중순까지는 이재명도 SNS에 글을 올리기는 하였어도 이재선 부부에게 전화나 문자를 보내지 않았다. 이재선 역시 아내의 강력한 권유로 SNS에 관심을 두지 않았다. 그러다가 몸이 좀 나아지고 컨디션이 좋아지자 이재선은 다시 사람들과 소통하기 시작했다. 2016년 10월 하순경부터 페이스북을 했다.

그 과정에서 사람들이 SNS상에 올라와 있는 이재명이 쓴 이재선에 대한 비난 글을 언급하게 되었고 이재선은 자연스레 그 글들을 들여다볼 수밖에 없었다. 그 글들이란 것이 객관적 진실과는 너무나 동떨어진 것들이었다. 특히 이재명이 이재선의 국립부곡병원 입원확인서와 입원동의서 사진을 올려놓고 자신의 정당성을 강변하는 대목이 셀 수 없이 많은 것을 보고는 더더욱 진실을 밝히고 싶어 했다. 현실적으로 어렵다는 것을 느낄 때마다 이재선은 국립부곡병원에서 입원 치료를 받게 한 아내 박인복과 딸을 원망하곤 했다. 이재명에게 악용할 빌미를 준 것을 참을 수 없는 고통으로 여겼었다.

그런 이재선의 고통을 지켜보고만 있을 수 없던 딸 이주영은 자신의 페이스북에 이재명이 유포한 허위사실들을 하나하나 반박하기 시작했다. 이재명은 즉시 박인복과 딸 이주영의 페이스북 글에 대한 유포금지가처분을 신청해 왔다. 박인복도 더는 당하고만 있지 않았다. 변호사를 선임해 대응했다. 그러자 이재명은 스스로 가처분신청을 취하했다. 왜 했을까?

"종편 TV조선은 민주사회의 독극물" [41]

2017년 1월 3일 이재명은 국회 정론관에서 이틀 전인 1월 1일에 TV조선 뉴스에서 보도한 '이

---

41 이정애 기자, 『한겨레』, 2017년 1월 3일자 보도.

재명 시장, 셋째형 정신병원 강제 입원 시도 의혹' 보도에 대한 반박 기자회견을 열었다. 그때 이재명의 손에는 확대 인쇄된 이재선의 입원확인서와 입원동의서 사본이 들려 있었다.

저희 형님, 박사모 성남지부장 맡고 계시는 저희 형님에 관한 얘기입니다. 그 박사모 지부장을 하고 계시는 저희 형님은~ 동생이 시장이 된 것을 기화로 이익을 노리다가 저한테 차단된 분이십니다. 그런데 어머니를 폭행하고 어머니한테 차마 인간으로서 할 수 없는 폭언을 하고, 살해협박을 하고 했기 때문에, 정신적으로는 문제가 있는 걸로 확인이 됐고, 나중에 결국~ 부인입니다. 지금 본인이 입원을 했고, 입원동의서, 강제~ 부곡정신병원입니다. 여기 보시면~ 국립부곡정신병원~ 여기 정신병원입니다. 부곡정신병원~ 창녕에 있습니다. 창녕에~ 창녕에 있는 정신병원에 입원을 할 때 누가 동의를 했냐면~ 부인 박인복, 딸 이주영 이 둘이 직계비속과 부인 두 사람이 동의를 해야 입원이 가능하기 때문에, 그 입원동의를 받아서 실제로 강제입원 됐습니다. 강제입원을 어머니나 제가 시킨 게 아니라, 그 부인과 딸이 했고, 이건 이미 공개돼 있는 자료입니다. 이 부인이 자기들이 강제입원을 시켜 놓고 마치 이재명 시장이 강제입원을 시킬려고 시도했다 이런 허위 주장을 하고 있는데, 이거 확인해 보면 금방 알 수 있는 것이고, 또 실제로 이 자료까지 건넸음에도 우리 TV조선은~ 이거 완

전히 다 무시하고 강제입원을 시도한 의혹이 있다 이렇게 거짓 보도를 했습니다.[42]

이날 이재명이 했던 기자회견은 역시나 거짓말투성이였다. 이재명은 이재선의 국립부곡정신병원 입원확인서와 입원동의서가 이미 공개된 자료라고 했지만 이는 터무니없는 말이다. 이재명 측에서 그 서류들을 입수하게 된 것은 차명진 전 의원의 등장 때문이었다.

2014년 10월 20일 차명진 전 국회의원이 채널A의 한 뉴스 시사 프로그램 패널로 출연해 "이재명 성남시장은 자기를 도왔던 형을 사이가 안 좋아지자 정신병원에 입원시켰다"는 등의 발언을 했다. 그러자 2014년 11월 5일 이재명은 그 발언과 다른 발언들이 자신의 명예를 훼손했다며 차명진 등을 상대로 형사고소하고 위자료청구소송을 제기했다. 그 재판 과정에서 국립부곡병원이 이재명과 차명진 사이의 위자료청구소송을 담당하는 법원의 요청으로 제출했던 것을 이재명 측이 소송 당사자로서 복사한 것으로 추정된다.

따라서 이재명의 위 서류 공개 행위는 사실 적시에 의한 명예훼손에 해당한다. 이재명은 이재선과 그 가족들에게 사전은

---

42 2017년 1월 3일 국회 정론관에서 있었던 이재명의 기자회견 중에서.

굿바이, 이재명

물론 사후에도 서류에 대한 동의를 구한 적이 없다. 이재선의 국립부곡병원 입원확인서와 입원동의서가 법원에 제출된 덕분인지 1심 재판부는 차 전 의원이 이재명에게 700만 원을 배상하라며 원고 일부 승소 판결을 내렸다. 이듬해 판결은 확정됐다. 이재명의 승리인 것처럼 보였다.

끝나지 않은 시련

"내가 없이 살아서 재명이한테 뭐라도 얻어먹을 것이 있을까 싶어 재명이가 거짓말하는 걸 알고도 밝히지 못했어. 미안해. 용서해줘!"

제자리 찾기

2017년 1월 3일 이재명이 국회 정론관에서 이재선의 국립부곡정신병원 입원확인서와 입원동의서를 흔들며 기자회견을 한 이후, 2017년 2월 23일 이재선·박인복 부부는 변호인을 선임해 정식으로 이재명을 명예훼손죄로 고소하기에 이른다. 그 내용을 분류해 정리하면 6가지 유형으로 볼 수 있다.

1. 박인복과 이재명 간의, 일명 이재명이 쌍욕을 한 내용이 녹음된 시점과 통화 경위
2. 이재명과의 통화 내용을 녹음한 후 앞뒤 다 빼고 "이재명이 형수에게 욕설했다"고 뒤집어씌웠는지
3. 이재선·박인복 부부가 어머니 구호명 집에 가서 어머니에게 이재명과의 통화 연결을 요청했다가 어머니가 이를 거절하자

살해 협박을 했는지

4. 이재선이 여동생을 때려서 이로 인해 여동생이 뇌출혈로 사망했
  는지

5. 이재선이 정신병원에 입원하게 된 이유가 박인복을 폭행하고
  가산을 탕진했기 때문인지

6. 이재선·박인복 부부가 어머니에게 돈 5000만 원을 요구했다가
  거절당하자 어머니와 인연을 끊었는지

위의 쟁점들을 하나하나 논박해 보기로 한다.

1) 박인복과 이재명 간의, 일명 이재명이 쌍욕을 한 내용이 녹음된 시점과 통화 경위

형수 쌍욕 사건에서 거론되고 있는 녹음은 2012년 6월 7일경이
었다. 이재선의 사무실에서 했다. 이재명이 이재선을 정신병원
에 강제 입원시키려 한다는 이야기가 돌고 있었는데 그 전날 그
것이 김혜경에 의해 사실[43]로 밝혀지면서 이재명과의 통화를 녹

---

43 김혜경이 이주영과 통화를 하며 했던 말을 녹음한 파일이 이재선·이재명에게 전달됐
   고, 그 내용을 들어본 이재선·박인복 부부는 이재명이 이재선을 정신병원에 강제 입원
   시키려 한다는 것을 확신하게 된다. 마침 그 녹음 내용을 이재선의 사무실에서 이재선·
   박인복·김모 기자가 함께 들었다.

음했던 것이다.

그렇지만 이재명은 그 대화가 녹음된 시점이 이재선이 어머니를 폭행해 입원한 날이라고 하거나, 아니면 어머니를 폭행해 경찰조사를 받고 나온 날인 2012년 7월 15일에 박인복에게 욕설을 한 것이라고 거짓을 유포했다. 어머니에 대한 폭행이 있지도 않았지만 이재명의 주장대로 폭행이 있었다고 해도 녹음 시점은 분명한 2012년 6월 7일경이 맞다. 이재명이 굳이 있지도 않았던 어머니 폭행 사건을 만들어 이재선을 패륜아로 만든 것은 자신에 대해 바른 소리를 하는 이재선을 정신병자로 몰아 정신병원에 가두려는 것 이상도 이하도 아니다.

2) 이재명과의 통화 내용을 녹음한 후 앞뒤 다 빼고 "이재명이 형수에게 욕설했다"고 뒤집어씌웠는지

이재명은 박인복에게 "왜 어머니를 때리고 xx찢는다고 하나? 당신 아들이 당신에게 당신 오빠가 친정어머니에게 xx찢는다고 하면 마음이 어떻겠냐?"[44]라고 항의하자 박인복이 이를 녹

---

44 이재명은 각종 게시물에다가 "왜 어머니를 때리고 xx찢는다고 하나? 당신 아들이 당신에게 당신 오빠가 친정어머니에게 xx찢는다고 하면 마음이 어떻겠냐?"라고 말했다면서 순화 또는 포장해서 허위사실을 적시했다.

음한 후 앞뒤 다 빼고 "이재명이 형수에게 욕설했다"며 뒤집어 씌웠다고 주장했다. 하지만 13분짜리 녹음 내용은 이재명의 말과 다르다.

"…… 칼로 니 친정엄마 씨발년아 니 x구멍 찢으면 좋겠니?" 앞뒤의 말이 함께 공개돼 있다.

이재명 그래 씨발년아

박인복 그걸로 인해서 다른 형제들이,

이재명 ……

박인복 눈치 본 적도 많고 솔직히 말을 안 해서 그렇지

이재명 시끄러워, 녹음해서 공개해봐

박인복 아니 뭐 녹음 안 해요. 아유 치사스럽게, 설사 녹음을 한
다 해도 공개 안 해요.

이재명 …… 칼로 니 친정엄마 씨발년아 니 x구멍 찢으면 좋
겠니?

박인복 그걸 직설적으로 받아들이는 그 없는, 철학적인 사상이
없는 동호 아빠랑 말하고 싶지 않아요.

이재명 뭔 철학적?

박인복 그렇게 몰아가지고 우리 신랑 미친놈으로 만들려는 게
지금 작전 아닌가요?

굿바이, 이재명

3) 이재선·박인복 부부가 어머니 구호명 집에 가서 어머니에게 이재명과의 통화 연결을 요청했다가 어머니가 이를 거절하자 살해 협박을 했는지

이재선은 수행비서 백종선의 협박 행위를 중단시켜 줄 것을 요청하기 위해 어머니 집에 갔다. 어머니는 이재선의 부탁대로 이재명에게 전화를 걸어 연결하는 것을 거절하지 않았다. 그 과정에서 어머니에게 "불질러 죽여버리겠다"는 등 살해 협박을 했다니? 이재선은 약식명령에 기재된 범죄 사실에 의하더라도 집과 교회에 불 지르겠다는 말만 했을 뿐 모친에게 불을 질러 죽인다는 등 살해 협박을 한 사실이 없다. 실제로는 '불을 지르겠다'는 발언을 한 것은 이재명을 어머니 집으로 어떻든 오게 하려는 의도였다. 그날 이재명과의 전화 통화 이후 어머니가 이재선을 승강기 앞까지 배웅하기까지 했던 상황을 고려하면 이재선이 어머니에게 살해 협박을 했다는 것은 어불성설이다.

더군다나 당시 박인복은 현장에 있지도 않았다. 이재명이 박인복까지 싸잡아 살해 협박을 했다고 한 것은 명백한 허위사실 적시다.

4) 이재선이 여동생을 때려서 이로 인해 여동생이 뇌출혈로 사망했는지

2012년 7월 15일. 이재선과 이재문 사이에 다툼이 벌어졌고, 이를 말리던 여동생 이재옥이 함께 있었던 것은 사실이지만, 이재선은 이재옥을 일부러 폭행한 사실이 없다. 말리는 과정에서 실수로 맞을 수는 있지만, 뇌출혈을 일으켜 사망에 이르게 할 만큼의 일은 없었다.

　무엇보다 2012년 7월 15일과 여동생의 뇌출혈 사망 시까지는 2년여의 시간적 간격이 있다. 이재옥의 뇌출혈로 인한 사망을 이재선의 책임으로 돌릴 수가 없다. 이재선이 여동생을 폭행했기 때문에 죽은 거라고 말한 것은 허위사실 적시에 해당한다.

5) 이재선이 정신병원에 입원하게 된 이유가 박인복을 폭행하고 가산을 탕진했기 때문인지[45]

이재선의 소득은 1억 4000만 원에서 9000만 원이다. 그의 소득이 2013년 3월에 교통사고가 크게 나면서부터 건강이 좋지 않고 전체적인 한국 경제의 둔화로 조금씩 줄어들기는 했지만 그

---

45 http://www.facebook.com/jaemyunglee/posts/1352793304762495.

래도 이재선의 소득은 일반 직장인이나 중산층에 비해 많다. 폐암 4기를 선고 받아 투병 생활하기 직전까지 일을 했다. 가산을 탕진했다고 볼 수 없다. 그러한 이유로 정신병원에 입원한 것은 아니다. 교통사고 후 회복에 전념하느라 인터넷을 하지 않다가 다시 사람들과 소통하면서 접하게 된, 이재명과 그 지지자들이 올린 글에 댓글을 달고 대응하며 몹시 억울해했다. 그로 인해 잠도 자지 않고 감정을 잘 다스리지 못했다.

그것을 지켜보던 박인복과 딸 이주영은 이재선의 건강을 걱정하는 마음에 정신과전문의와 상담하고 치료가 필요하다는 소견을 듣고 입원치료를 받게 했다. 가산 탕진과 폭행 때문에 이재선이 정신병원에 입원했다고 이재명이 주장하는 것은 다른 이유가 있다. 자신이 이재선을 정신병원에 강제 입원시키려 했다는 의혹으로부터 벗어나기 위한 거짓말이다. 또한 박인복이 남편을 정신병원에 강제로 입원시킨 나쁜 사람으로 매도하는 것으로 이는 허위사실 적시에 해당한다.

6) 이재선·박인복 부부가 어머니에게 돈 5000만 원을 요구했다가 거절당하자 어머니와 인연을 끊었는지

2006년경 이재선은 상가 매입자금이 급하게 필요해서 어머니와 공동명의로 신탁해 둔 5000만 원을 빌려달라고 했다. 당시 어머니는 그 돈이 자기에게 없고 이재명이 가져갔다고 했다. 이재선은 이재명에게 연락해 어머니 돈 5000만 원을 자신이 급하게 쓰고 돌려주겠다고 했지만, 이재명은 돈이 없다고 했다. 그런데 다음 날 어머니에게 물으니 이재명이 5000만 원을 어머니에게 송금했다고 했다. 그 말에 이재선은 이재명에게 화가 났다. 자신이 물었을 때는 돈이 없다던 이재명이었다. 그런데 어머니가 돌려 달라고 얘기도 하지 않았는데 다음 날 바로 어머니에게 송금을 한 것을 두고 이재선은 이재명에게 서운한 마음이 들었다. 동생 이재명이 자신을 무시한다는 생각이 들었기 때문이다.

더욱이 이재명은 이재선이 그때부터 어머니와 인연을 끊었다고 적시했다. 하지만 이재선은 그 일로 어머니와 인연을 끊을 이유가 없었다. 그런 감정은 가족 간에 얼마든지 있을 수 있는 일이기도 했기 때문이다. 이후로도 이재선은 어머니에게 매달 20만 원씩 생활비를 보냈다. 이재명이 사건을 날조하고 왜곡한 2012년 3월까지 계속 송금했다.

이재명은 이 또한 허위사실로 적시했다.

결국 이재명은 자신이 박인복에게 했던 욕설에 대해 정당성을 부여하고 대중으로부터 지지를 얻어 소위 '형수 쌍욕 사건'을 무마하기 위해 거짓말을 일삼았다. 거기에서 그치지 않고 이

굿바이, 이재명 ────────

재명은 자신의 다수 지지자들을 이용해 위의 내용이 사실인 듯 정보통신망 등을 통해 퍼뜨렸다.

다수의 힘을 이용해 허위사실을 진실로 둔갑시키고, 이재선·박인복 부부를 인간쓰레기 또는 패륜아로 만들어 사회에서 매장시키려고까지 했다. 극악무도한 일이 아닐 수 없다.

더욱 역겨운 것은 그러면서도 자신이 마치 선량하고 정의로운 척하며 대중을 선동하고 있다는 사실이다.

폐암 4기 진단

소중한 것을 잃었을 때의 안타까움은 누구에게나 클 수밖에 없다. 시간이든 물건이든 혹은 사람이든. 돌이킬 수 없이 그렇게 흘러버린 것에 대한 회한은 오래도록 남는다. 이재선에게 있어 회한은 더더욱 컸을 것이다.

가족 간의 갈등뿐만 아니라 사람이 사는 곳에선 크고 작은 갈등은 얼마든지 있을 수 있는 일이다. 그렇지만 그 갈등의 당사자 중 어느 한 편에 권력이 쏠리면 얼마든지 있을 수 있는 일이 아니라 상상도 할 수 없는 일로 둔갑된다. 이재선 가족의 경우가 그랬다.

권력을 가진 이재명. 그는 자신이 가진 권력으로 1년에 한두 번 기껏해야 두세 번 만나는 형제들을 동원해 자신의 눈엣가시 같은 형 하나를 시쳇말로 '돌게' 만들었다. 그 형제들이 이재선의 정신병으로 인해 많은 고통을 겪은 것처럼 떠들어댔다. 그에 춤을 추는 추종자들도 법 무서운 줄 모르고 한 사람에 대한 인신공격을 끊임없이 해댔다. 말하자면 인격살인을 서슴없이 해댔다.

그럼에도 불구하고 이재선은 끝까지 내려놓을 수 없는 그 '핏줄'이 뭐라고 "내 동생이, 내 동생이 그런 사람인 줄 몰랐다"는 피울음을 토해내며 형제들에 대한 배신감에 치를 떨어야만 했다. 어디 그런 일이 자신에게 일어날 거라고 생각조차 하고 살았겠는가. 그렇지만 현실에서 그런 일이 일어났다.

어머니 역시 힘 있는 자식의 편에 섰던 것이다. 형제들 또한 자신들이 무슨 일을 하는지조차 깨닫지 못한 채 이재명의 권력 편에 섰던 것이다.

그렇게 믿었던 형제와 부모에게 버림받았다는 슬픔은 이재선의 온몸을 휘감았고 육체마저 피 멍들게 만들었다. 억울함이 그의 온몸을 짓누르는 사이 질병이 그의 온몸을 휘감았다. 어찌 짐작할 수 있었을까. 술과 담배도 하지 않던 이재선이 폐암 4기를 진단받게 될 줄이야. 억울함이 만든 병이었다. 이재선은 약 3개월간 투병 생활을 했다. 그 사이 그가 입원해 있던 병원으로 강원도에 살고 있던 큰형수와 성남의 누나가 병문안을 왔다. 그때 이재선은 누나로부터 똑똑히 들을 수 있었다.

"착한 내 동생이 생으로 죽는다"고 슬퍼하며 자신의 가슴을 마구 패며 하는 말을.

"내가 없이 살아서 재명이한테 뭐라도 얻어먹을 것이 있을까 싶어 재명이가 거짓말하는 걸 알고도 밝히지 못했어. 미안해. 용서해줘!"

이재선은 누나를 용서했다. 잘못을 비는 누나의 손을 잡고 함께 하염없이 울며 세상과의 화해를 서둘렀다. 그렇지만 이재명은 전화 한 통 하지 않았다. 당연히 병문안도 오지 않았다. 오히려 이재명은 이재선과 박인복을 고소하여 용인 서부경찰서에서 조사[46]를 받게 하는 기가 막힌 만행을 저질렀다. 이재선은 끝내 이재명으로부터 그 흔한 "미안했다"는 말 한마디 듣지 못한 채 아득히 먼 길을 떠나버렸다.

2017년 11월 2일의 이별

얼마 전, 이재선의 4주기를 지냈다. 즈음하여 나는 잠시 시간을 멈추고, 생각을 멈추고 삶을 돌아다볼 수 있었다. 돌아다보니 인생이란 게 참으로 불가사

---

46 이재선은 위중하여 입원확인서만 제출했다.

의한 일이라 생각되었다. 믿을 수 없이 갑작스러운 우연과 예측 불가능한 일들의 전개가 차고 넘친 지난 세월이었다. 하지만 그것들이 진행되는 동안에는 아무리 주의 깊게 둘러보아도 이해할 수 없는 일들의 실체를 알아채거나 포착할 방법이 없었다. 말하자면 실마리를 잡을 수가 없었던 것이다. 그저 쉼 없이 흘러가는 일상 속에서 일어날 일이 일어난 듯 시간에 순응해야 했기 때문이다.

그렇다고 완전한 순응은 불가능했다. 입장이란 게 있어서 "내가 미안했어. 잘해보자"는 말 한마디면 정리될 일들을 기어이 권력으로 뭉개고 끝장내려는 자의 멈춤이 없는 한, 그 일상은 마침표가 있을 리 없었다.

그랬다. 이재명은 이재선의 죽음 앞에서도 여전히 생쇼를 멈추지 않았다. 빈소를 준비하던 오전 9시 30분경, 여성 일행이 장례식장으로 들어섰다. 박인복이 이재선과 어떤 관계인가를 묻자 그중 한 명이 이름은 밝히지 않고 "회계사님이 평소에 예뻐하셨고 친했다"라고 말하며 함께 온 일행과 자리를 잡고 앉았다. 얼마 지나지 않아 이재명의 수행비서 백종선이 장례식장에 나타났다. 절대로 나타나서도 안 되고 나타날 수도 없는 인간이 아니던가. 박인복은 당연히 그의 조문을 거절했다. 백종선이 나가자 여성 일행도 함께 따라 나갔다. 방명록을 보니 그녀가 김현지였다.[47] 그런데 잠시 후 다시 백종선이 모습을 또 드러냈다. 이번에는 공범이었던 윤기천을 달고 왔다. "지금 밖에 시장님이 기다리고 계십니다. 조문하실 수 있게 해 주십시오"라고 했다. 박인복은 말대거리를 하고 싶지 않았지만 호흡을 고르며 입을 뗐다.

"조용하게 장례를 치르고 싶으니 돌아가시지요."

그 말에 백종선과 윤기천이 돌아가는 듯했다. 그런데 잠시 후 장례식장 관리소장이 박인복과 유가족을 밖으로 불러냈다. 그렇게 유가족의 시선이 다른 데로 쏠리는 사이 저만치에서 기자 등 20여 명을 좌우로 거느린 한 사람이 장례식장 안으로 들어섰다. 이재명이었다. 너무도 뻔뻔하고 당당하게 들이닥쳤다. 당황한 박인복이 격한 감정을 쏟아냈다. "용서를 빌 작정이면 생전에 왔어야지. 말 못하는 영정사진 앞에서 이제와 무슨 소용이 있냐"며 돌아갈 것을 종용했다. 그러자 이재명은 박인복을 잠시 노려보다가 쌩하니 장례식장을 빠져나갔다. 썰물 빠지듯 함께 왔던 기자 등도 우르르 몰려나갔다.

---

47 1998년, 성남시민모임에서 활동하며 이재선·이재명과 인연이 되었다. 이후 이재명이 성남시장에 당선되자 인수위원회 간사와 '성남의제21' 사무국장으로 활동하다가 이재명이 경기도지사에 당선된 뒤에는 경기도 비서실에 근무했다. 이재명의 최측근인 인물. 최근 '대장동 판박이'란 의혹을 받는 성남시 백현동 '옹벽 아파트' 논란과 관련해 2016년 '성남의제21' 사무국장으로 활동할 당시 '환경 영향 평가'에 관여한 사실이 밝혀져 논란이다. 또한 대장동 아파트 분양과 박철민이 이재명에게 전달하는 돈을 건네받은 인물이라고 폭로하여 논란의 중심에 있다.

조문조차 정치적으로 이용하는 이재명이었다. 유가족들로선 분노로 치를 떨지 않을 수 없었다. 그리고 잠시 후, 네이버 검색 1순위에 이재명 이름 석 자가 떴고 온갖 기사가 쏟아졌다.

> 이재명 "형 이재선과 화해하고 싶다" 바람 못 이뤄… 빈소서 '문전박대'[48]

그는 결코 용서를 받기 위해 온 것이 아니었다. 불쌍하고 억울하게 죽은 형의 죽음마저 자신의 정치적 도구로 이용했을 뿐이다.

이재선의 사망과 함께 사건은 이재명의 거짓말에 더욱 무게가 실리는가 싶었다. 그도 그럴 것이 박인복이 남편이 없는 마당에 '고소가 무슨 소용'일까 싶어 이재명을 상대로 했던 고소를 취하했기 때문이다. 물론 박인복은 이재명 측에다가 먼저 연락하여 고소를 취하하겠다고 전했고 이재명도 "형님이 취하하면 저도 취하하지요"라는 문자를 보내왔다. 하지만 박인복과 달리 이재명은 이재선 부부에 대한 고소를 즉시 취하하지 않고 미루다가 2019년 9월에 가서야 취하를 했다. 이재명이 고소를 취하하게 된 것은 항소심에서 허위사실공표죄로 벌금 300만

---

48 『한경닷컴』, 2017년 11월 2일.

원을 선고 받은 후 대법원에 상고하면서였다. 그 내용은 다음 장에서 자세히 설명하겠다.

어쨌든 이재선의 죽음 이후에도 사건은 쉽사리 덮이지 않았다. 이재명의 악행이 또 한 번 세상을 떠들썩하게 만드는 일이 일어났다. 이번에는 아예 정신병원에 감금되었던 한 사람이 등장했던 것이다.

날벼락 같이 덮친

짧은 꼬리 원숭이 톤키안 머카크는 주로 인도네시아에 서식하는 동물이다. 그 원숭이들은 다수결의 원리를 알고 있는 듯하다. 무리 지어 이동할 때를 보면 확실히 알 수 있다. 서로의 의견이 엇갈리면 각자 원하는 쪽에 줄을 서는 것으로 의사를 표시한다. 그리고 줄이 긴 쪽 의견을 따르는 것으로 자신들의 다툼을 정리하곤 한다.

그런 면에서 인도네시아에 서식하는 짧은 꼬리 원숭이나 권력을 가진 자나 다르지 않은 듯하다. 이재명을 보라. 자신의 권력을 동원해 온갖 악행을 저지르면서도 그 권력에 줄 선 사람들을 이용해 문제를 해결하지 않는가.

어머니를 협박한 적도 없고, 폭행한 적도 없는 이재선을 하루아침에 정신병자로 만드는 과정에 줄을 선 사람들. 짧은 꼬리 원숭이들과 뭐가 다른가. 그들 모두는 공범자이자 살인자들이다.

그렇지만 권력을 가졌다고 해서 모든 것을 누르고 감출 수는 없다. 다 감추고 눌렀다고 하지만 줄이 긴 쪽에 서지 않는 사람들이 있기 때문이다. 이재선처럼.

김사랑. 내가 그녀를 알게 된 것은 2016년 5월경이었다. 그녀는 내게 자신을 이렇게 소개했다. "저는 300여 명 이끄는 수정구 자영업자 밴드지기 김사랑입니다."

그녀는 2015년 5월 2일 이재명의 페이스북에 댓글을 단 후 성남시와 이벤트업자로부터 9건의 고소·고발을 당한 이후 나를 찾아왔다. 그녀가 세간에 이름이 오르내리기 시작한 것은 2018년 2월 8일 성남시의회 세미나실에서 기자회견을 열면서였다.

"이재명이 공권력을 동원해 날 납치·감금했다"고 주장했다.

그녀는 성남시와 이벤트업자로부터 고소·고발을 당해 벌금 300만 원을 선고받고 항소를 준비하던 중 성남 경찰관들에게 체포돼 정신병원에 감금됐다고 했다. 그 배후를 이재명으로 지목했다. 소상공인을 지원하기 위해 설립된 성남시 상권활성화재단의 회계가 불투명해 이재명에게 해명을 요구했는데 2017년 11월, 성남시 경찰에 의해 정신병원에 감금됐다.

"남자 조무사들이 보는 앞에서 환자복으로 갈아입어야 했다. 지시를 거부하니까 온몸을 포박하겠다고 협박하더라. 내용물이 뭔지도 모를 주사도 2대나 맞았다. 그 때문에 팔뚝엔 멍이 들었다. 또 병실은 어찌나 지린내가 진동하던지. 심지어 화장실엔 휴지도 수건도 없었다. SNS로 '살려 달라'는 도움 글을 요청한 덕분에 겨우 빠져나올 수 있었다"며 상황에 대해 설명했다.

그녀의 기자회견을 지켜보는 내내 마음이 몹시 착잡했다. 이 재선이 떠올랐기 때문이다. 시정을 잘하라며 민원 글을 올린다고 온갖 협박을 받은 이재선과 김사랑. 차이는 이재선은 이재명이 정신병원에 감금하려다 실패한 사례이고, 김사랑은 실제로 정신병원에 감금됐다는 사실. 이재명은 늘 자신이 한 일이라고 하지 않지만, 합리적으로 그 배후는 늘 같은 한 사람이다.

이에 대해 이재명은 "김사랑은 허위사실을 유포한 혐의로 재판에 회부된 상태로, 경찰의 출석 명령을 거부하며 불필요한 물의를 일으켜 경찰의 집행에 따라 정신병원에 감금됐던 것이고 시장과 관련됐다는 것은 소설이다. 악의적 유포에 대해서는 더 적극적으로 대처할 예정"이라고 입장을 밝혔다.

이재명은 다른 건 자신의 목적에 따라 그때그때 다르지만, 한결같이 유지하는 게 하나 있다. 자신의 잘못을 지적하고 반대하는 주민이나 언론은 무차별적으로 고소·고발한다는 사실. 스스로를 '고소대마왕'이라며 자랑스럽게 으스대는 모양새라니.

이재명의 김사랑에 대한 입장은 이재선 때와 같았다. 허위사실 유포. 과연 누가 허위사실을 유포한 것인지는 끝까지 따져봐야 알 일이다. 당장은 자신이 가진 권력으로 누르고 있지만 영원한 것은 없다.

소설가 무라카미 하루키의 말마따나 싸구려 술에 취해 제멋대로 추태를 부리면 잠시 현실을 망각할 수 있지만 그렇다고 그 추태가 현실을 깡그리 바꾸지는 못한다. 싸구려 정치가들의 선동은 선거 때 득표에 도움은 될 수 있을 것이다. 그렇지만 종국에는 국가의 미래를 갉아먹을 뿐이다.

PART 9

모래시계

유죄 의견을 낸 대법관 5명은 이재명이 "분당구 보건소장 등에게 강제입원을 지시·독촉했고, 단순히 질문에 부인하는 답변을 한 게 아니라 자신에게 불리한 사실은 숨기고 유리한 사실만 덧붙여서 친형의 정신병원 입원 절차에 관여한 사실이 없다는 의미로 해석될 수밖에 없는 취지로 발언했다"고 지적했다.

남겨진 사람들

　　　　　　　　악명조차도 자산인 것일까. 이
재명의 말은 갈수록 선정적이고 독해졌다. 2022년 대선을 앞둔
그의 말과 행동은 유독 튄다. 마치 인간의 감정에도 한계효용
체감의 법칙이 작용하는 듯이 그의 일상은 스펙터클하다. 주변
은 하루라도 조용할 날이 없다. 그저 이목을 끌어야만 살아남을
수 있다는 강박관념에 사로잡힌 듯하다. 그렇지만 명심해야 할
것은 이상한 나라의 앨리스처럼 수단과 방법을 가리지 않고 앞
으로 달린다고 해도 그 뜀박질은 제자리에 있던 사람보다 앞서
가지 못한다는 사실이다.

　반면, 이재선의 삶은 정반대였다. "세상 어떤 존경보다 자녀
들에게 존경 받는 아버지이고 싶다"는 소박함을 꿈 꾼 소시민
이었다. 그런 그에게 이재명은 자신의 자전적 에세이에 다음과
같은 대못을 박았다.

우리 일곱 남매 중에서 일찌감치 경제적인 안정을 이룬 사람은 공인회계사인 셋째 형이었다. 가난했던 옛 시절을 생각하면 가히 성공적이라고 부를 만도 하지만, 사람의 탐욕이란 끝이 없었다. 의식주가 해결되자 형은 명예와 권력까지 넘보았다. 그리고 그 욕망은 내가 성남시장에 당선되자마자 때를 만난 듯 기지개를 켜기 시작했다.[49]

이재명의 거짓말은 잔인했다. 지나가는 소가 봐도 웃을 거짓말을 버젓이 자신의 책에다 썼다. 이재선은 자신에게 씌워진 더러운 누명들을 벗기 위해 몸부림쳤으나 끝내 벗지 못한 채 먼 길을 고통스럽게 떠나고 말았다.

그렇지만 남은 사람들, 그를 기억하고 진실을 좇는 사람들과 남겨진 그의 가족들이 있는 한, 반드시 억울한 그의 누명은 벗겨질 것이다. 진실을 좇아 그 위에 반드시 정의를 세워야 하는 것이 남겨진 사람들의 몫이기 때문이다.

그리고 진실은 서서히 모습을 드러냈다. 이재선이 성남시에 민원 글을 올리기 시작하면서 이재명의 주도로 그의 어머니와 남매들이 똘똘 뭉쳐 수많은 서류들을 만들고 공무원들까지 동원해 이재선의 강제 입원을 도모했음이. 당시에는 전혀 알 수

---

49 이재명(2017), 『이재명은 합니다』, 130쪽, 8~13줄.

없었지만 재판 과정에서 드러나기 시작했다. 내가 이재명을 고발하며 시작된 재판이었다.

이재명, 스톱

"나는 이재선을 정신병원에 입원시키려 하지 않았다."
"여배우 김부선을 남녀 관계로 만나거나 집으로 간 일이 없다."

2018년 5월 29일, 이재명은 KBS 초청 '2018 지방선거 경기도지사 후보자 토론회'에서 바른미래당 김영환 후보의 질문에 허위사실을 공표했다. 더불어민주당 경기도지사 후보로서 도지사에 당선될 목적으로 자신에게 유리하도록 토론회 방송 등에서 허위사실을 유포했던 것이다.

나는 2018년 6월 10일, 공직선거법상 허위사실공표죄, 직권남용죄, 뇌물죄 등으로 그를 고발하고 진실 추적을 다시 시작했다.

유력한 도지사 후보가 부적절한 여자관계와 정당한 이유 없이 형을 강제로 정신병원에 입원시키려 한 것은 투표권 행사의 중요한 판단 기준인 자질과 관련된 문제였다. 경기도지사 선거 결과를 바꿀 수 있는 것으로 후보자 토론회 등에서 거짓 발언을 한 것은 당선될 목적으로 자신에게 유리한 허위사실을 공표한 것이다.

또한 친형 이재선 회계사를 강제로 정신병원에 입원시키기 위해 당시 시행되던 정신보건법 제25조를 이용했다. 성남시 산하 보건소장의 전보 조치와 성남시민들의 입원 조치가 성남시장의 직무에 해당되는데 이재명은 그런 직권을 남용해 이재선을 정신병원에 입원시키려 했다. 이를 반대하는 보건소장을 전보 발령 조치하고 새로운 보건소장을 보임하여 정신보건법에 정한 절차를 따르지 않은 채 이재선을 정신병원에 강제로 입원시키려는 시도를 했던 것이다.

성남시장의 직권을 남용해 정신병원에 강제로 입원시키는 방법으로 이재선의 신체 자유권을 행사하지 못하게 하려 한 것은 직권남용죄에도 해당된다.

특정범죄가중처벌법위반(뇌물)죄

성남시장이었던 이재명이 구단주로 있던 성남FC는 성남에 본사가 있는 네이버 등 기업들로부터 아래와 같이 2015~2017년에 걸쳐 광고비 명목 후원금으로 161억 5천만 원을 지급받았다. 실제로 광고비는 명목에 불과했다. 인허가 등 성남시장의 직무와 관련성이 있기 때문에 뇌물이 명백하다. 특가법위반(뇌물) 또는 특가법위반(제삼자뇌물제공)으로 처벌 대상이다.

〈표 2〉 이재명이 구단주로 있던 성남FC가 2015~2017년에 광고비 명목으로 받은 후원금 내역

연도	기업	금액	직무관련성(대가성), 부정한 청탁
2015	차병원	33억 원	분당경찰서 등 용도변경
2015 ~ 2016	네이버	40억 원	네이버 신청사 신축 (희망살림 통해 지원)
2015 ~ 2017	농협	36억 원	성남시 금고 지정
2015 ~ 2017	두산건설	42억 원	정자동 부지 용도변경
2015	알파돔시티	5억 5천만 원	신축공사
2015 ~ 2016	현대백화점	5억 원	신축공사
	합계	161억 5천만 원	

① 지난 4년간 성남시 의회가 성남FC에 예산 지출내역 공개를 요구했는데 성남FC는 성남시 산하재단이 아닌 상법상 주식회사로 자료 제출 의무가 없다며 자료 공개 일체를 거부했다.

② 성남FC가 2부 리그로 강등되자 이재명은 성남FC를 완전히 개편했다. 모금수당 규정을 악용하여 모금액의 20%인 약 32억 원을 수당 형식의 비자금으로 챙긴 것으로 추정된다.

③ 2015~2016년경 네이버로부터 40억 원을 지원받아 성남FC로 39억 원을 전달해 준 희망살림의 경우 이재명과 같은 당

소속인 제윤경 국회의원이 상임이사로 활동했다.

④ 희망살림은 2014년 10월 성남시 지부를 개설했는데 성남시 세금 5억 2천여만 원을 들여 운영되고 있다. 말하자면 성남시 금융복지상담센터의 수탁법인이다.

⑤ 희망살림은 신용불량자들의 신용회복 지원 명목으로 40억 원을 받았으나 그중에서 성남FC에 광고비 명목으로 39억 원을 지불한 것으로 보아 눈 감고 아웅 한 것으로 보인다.

광고비 명목의 후원금 사용내역도 철저하게 밝혀져야 한다. 순수하게 성남FC에 대한 광고비나 후원금이었다면 무리해서 많은 금액을 후원하도록 하지 않았을 것이다. 내역을 숨기려 할 이유가 없다.

결국 성남시장이었던 이재명이 구단주로 있는 성남FC는 성남에 본사가 있는 네이버 등 기업들로부터 2015~2017년에 걸쳐 광고비 명목 후원금으로 161억 5천만 원을 지급받았다. 그런데 실제로 광고비는 명목에 불과할 뿐이다. 인허가 등 성남시장 직무와 관련 있는 뇌물이 명백한 이상 이재명은 특가법위반(뇌물) 또는 특가법위반(제삼자뇌물제공)으로 처벌되어야 마땅했다.

그럼에도 경기도지사에
당선되다

　　　　　　　　이재명에 대한 나의 고발과 상관없이, 그 많은 논란에도 불구하고 이재명은 경기도지사에 당선되었다. 그리고 취임 이후 곧바로 여러 의혹에 대한 경찰 조사를 받았다. 여배우 김부선과의 스캔들과 이재명이 정계입문 전 변호사 활동 당시 성남지역 조직폭력배들의 변론을 맡았다는 등의 조폭 유착설 등이었다.

　　검찰은 2018년 12월, 친형 강제입원, 대장동 개발 업적 과장, 검사 사칭 등 3개 사건을 허위사실 공표 등 혐의로 재판에 넘겼다. 검찰은 이재명에 대해 친형 이재선을 정신병원에 입원시키도록 당시 분당구 보건소장에게 압력을 행사한 직권남용 혐의와 2018년 경기지사 선거 토론회에서 이를 부인하며 허위사실을 공표한 공직선거법위반 혐의를 적용해 재판에 넘겼던 것이다. 조폭 유착설에 대해선 불기소 처분했다. 하지만 어찌된 영문인지 특정범죄가중처벌법위반(뇌물)죄에 대해선 아무런 액션을 취하지 않았다.

　　2019년 5월 16일, 1심 재판부는 "선거인의 정확한 판단을 그르칠 정도로 의도적으로 사실을 왜곡한 것이라고 평가할 정도는 아니다"라고 하며 모두 무죄를 선고했다.

　　반면 2019년 9월 항소심 재판부는 이재명의 지사직 당선 무효형에 해당하는 벌금 300만 원을 선고했다. "정신보건법에 따른 절차 진행을 지시하고 이에 따라 형에 대한 입원 절차 일부가 진행되기도 한 사실을 일반 선거인들에게 알리지 않기 위해 이를 의도적으로 숨겼다고 봄이 타당하다"라고 하며 유죄로 판단했다.

대법원은 이를 방송토론회에서 상대방의 질문에 거짓말을 한 것이 공표가 아니라며 무죄 취지로 사건을 파기환송 했지만, 유죄 의견을 낸 대법관 5명은 이재명이 "분당구 보건소장 등에게 강제입원을 지시·독촉했고, 단순히 질문에 부인하는 답변을 한 게 아니라 자신에게 불리한 사실은 숨기고 유리한 사실만 덧붙여서 친형의 정신병원 입원 절차에 관여한 사실이 없다는 의미로 해석될 수밖에 없는 취지로 발언했다"고 지적했다.

한편, 항소심 결과가 세상에 알려지자 세간은 다시 떠들썩해졌다. 마침내 이재명의 민낯이 만천하에 드러났다. 그러자 2014년 10월 20일 종편 채널A에 출연해 이재명에게 "자기한테 도움을 줬던 자기 형도 사이가 안 좋아지니 정신병원에 입원시켰다"는 등의 발언으로 700만 원을 배상한 차명진 전 의원이 재심을 청구했다. 하지만 차명진 전 의원에 대한 재심은 받아들여지지 않았다. 이재명은 '친형을 정신병원에 강제 입원시킨 것'이 아니라, 강제 입원시키려다 미수에 그쳤던 것이다.

아무튼 이후 대법원 선고까지의 과정은 쉽지 않았다. 선거법

굿바이, 이재명 ━━━━━

상 선고시한인 2019년 12월 5일을 훌쩍 넘긴 2020년 7월 16일에야 선고됐다.

이날 대법원 전원합의체는 이재명 사건을 무죄 취지 파기환송을 했다. 이재명은 지사직 당선무효 위기에서 벗어났다. 2020년 10월 16일, 파기환송심 재판부는 대법원의 판단대로 이재명에게 무죄를 선고했다.

짜고 친 고스톱(?)

고등법원에서 벌금 300만 원을 선고받아 처벌받기 직전까지 갔던 이재명이었다. 나로선 도저히 납득할 수 없는 판결이 아닐 수 없었다. 정의와 양심을 대법관들은 헌신짝처럼 내던져 버렸다. 나는 물론 건전한 상식을 가진 사람들과 법조인들로서는 도저히 용납할 수 없는 터무니없는 이유의 무죄판결이었다.

그런데 최근의 언론보도를 보면 납득이 되는 판결이기도 했다. 이재명에 대한 무죄판결을 주도한 권순일이 대법원의 무죄판결을 전후해 이재명이 주도한 대장동 개발사업에서 투자금의 1,100배가 넘는 막대한 이득을 취한 ㈜화천대유자산관리의 출자주식 전부를 소유하고 있는 김만배를 8번이나 만났기 때문이다. 당연히 여러 가지를 논의했을 것으로 추정된다.

또 대법관을 그만 둔 권순일이 곧바로 ㈜화천대유자산관리로부터 매월 1500만 원, 연간 약 2억 원 상당의 거금을 고문료로 받은 비리가 밝혀졌다. 나는 대장동 개발과 화천대유, 천화동인 등에 관한 진실이 전부 밝혀진다면 권순일은 특가법(뇌물죄)으로 처벌받을 것이라 확신한다.

한편, 대법원에서의 무죄판결이 선고되기 1달 전 무렵부터 이재명이 무죄판결을 받을 것이라는 소문이 그의 측근들로부터 심심찮게 흘러나왔다. 나 또한 그 소문을 전해 들었다. 나는 이재명의 평소 성행에 비추어 대법관들에게 엄청난 로비를 했을 것으로 직감했다. 위와 같은 소문이 사전에 흘러나왔다는 것은 이재명이 대법관들에게 극렬하게 로비를 펼쳤다는 반증이다. 로비 결과 대법관들은 양심을 헌신짝처럼 내던져버렸을 것이다.

진실과 정의가 우선시 되고 그것을 제일로 여기는 나로서는 대법원 판결 선고 결과에 하늘이 무너지는 절망감을 떨쳐낼 수 없었다. 내가 사전에 들었던 소문과 대법원의 판결 결과가 어떻게 같을 수 있단 말인지. 정의의 보루 대법원이 아닌, 양심조차 팔아먹는 나쁜 대법관들이 나라를 망치고 있다는 생각에 분노를 참을 수가 없었다.

〈표 3〉 이재명의 혐의별 판결 내용

의혹	내용	검찰 처분	1심 2019.5.16	2심 2019.9.6	대법원 2020.7.16	파기환송심 2020.10.16
이재명 관련 의혹 진행 상황						
친형 강제 입원	친형을 불법적으로 정신병원에 입원시키려 했다는 주장	직권남용 기소	무죄	무죄	무죄	
	TV토론회에서 강제 입원을 부인한 것은 허위사실 유포라는 주장	선거법 위반 기소	무죄	벌금 300만 원	무죄 취지 원심 파기	무죄
시장 업적 과장	대장동 개발 예정 이익 5천여억 원이 실현된 것처럼 한 말이 허위라는 주장	선거법 위반 기소	무죄	무죄		
검사 사칭 논란	변호사 때 검사 사칭죄 누명을 썼다고 말한 것은 허위라는 주장					
여배우 스캔들	이 지사와 불륜관계였다는 김부선 씨의 주장	불기소	–	–		
혜경궁 김 씨 트위터	문재인 대통령 등을 비판한 트위터가 이 지사 부인 것이라는 의혹					
조폭 연루설	성남시 출신 조폭과 연루됐다는 주장					
일베 활동설	일간베스트저장소 회원으로 활동했다는 주장					

"소시오패스 성향[50]"의
그를 다시 또

2021년 10월 6일. 나는 다시 또 이재명을 고발했다. 2021년 9월 26일 일요일 오후 6시 30분에 방송된 SBS '집사부일체' 프로그램 제188회에 이재명이 출연했다. 대선주자 빅3 특집방송 2탄이었다. 그는 프로그램의 32분 18초~32분 47초 사이에 다음과 같은 발언을 했다. 모두 공직선거법 제250조 제1항이 규정한 허위의 사실에 해당된다.

> "저희 형님(이재선)이 (성남)시정에 관여를 하셨고[51], 제가 그걸 차단했고, ❶ 그거를 어머니(구호명)를 통해서 해결하려고 형님이 시도하다가 ❷ 어머니를 협박하고, ❸ 어머니가 집에 불을 지른다고 하니까 무서워서 집을 나오셔서~~~ 교회 집에 불을 지른다 해가지고 집을 나오셔서 저희집 이런 데 떠돌아다니시고~~~"

위 발언에서 허위사실 부분은 다음과 같다.

❶-1 이재선은 성남시정에 관여한 일이 없다. 성남시정에 관여

---

50   유튜브 〈조선일보〉 방송 「팩폭 시스터」, 2021년 11월 2일.
51   "형님이 (성남)시정에 관여하였다"는 초반부도 허위사실지만 편의를 위해 그 부분은 고발 대상에서 제외했다.

하는 것을 어머니 구호명을 통해서 해결하려고 한 일도 없다.

❶-2 이재선은 성남시정에 관여한 적이 없다. 성남시정에 관여하려는 데 이재명이 차단한 것을 어머니 구호명을 통해 해결하려고 한 적도 없다.

❷ 이재선은 어머니 구호명을 협박한 적 없다. 더구나 어머니 집에 불을 지른다며 어머니 구호명을 협박한 적도 없다. 설령 이재선이 어머니 구호명의 집에 불을 지른다고 말을 했다 하더라도 그 말은 어머니 구호명에게 한 것이 아니라 이재선과 통화 중이었던 이재명에게 했던 말이다. 말하자면 협박의 상대는 어머니가 아닌 이재명이다.

❸ 어머니 구호명은 무서워 집을 나와 떠돌아다닌 일이 없다. 이재선이 집에 불을 지른다고 해서 무서워 집을 나와 떠돌아다닌 적은 더더욱 없다. 따라서 입만 열면 거짓말을 일삼는 이재명을 나는 고발할 수밖에 없었다. 야바위꾼처럼 거짓말로 국민들을 속이고 대통령이 되려고 하는 이재명의 '집사부일체'라는 방송을 보며 도저히 참을 수가 없었다. 이미 재판 과정에서 많은 것이 드러났음에도 이를 알지 못하는 사람들을 상대로 또다시 거짓말을 하다니. 세상에 어느 동생이 이처럼 끝없는 거짓말로 죽음에 이른 형을 또다시 죽인단 말인가. 설령 그것이 사실이라도 이미 고인이 된 사람에 대한 최소한의 예의로도 입에 담지 않는 것이 인지상정이다. 하물며 없었던 일을, 오로지 자신의 출세와 명예를

위해 거짓말에 거짓말을 늘어놓는 사람. 과연 그 자리에 있을 자격이 있는가.

오죽하면 원희룡의 부인이자 정신과 의사 강윤형 박사는 한 방송에서 이재명의 그런 거짓말을 두고 "소시오패스 성향"이 있다고 했을까. 말하자면 이재명은 나쁜 짓을 하면서도 다른 사람의 고통에는 둔감한, 즉 양심의 가책을 느끼지 않는 사람의 성향이 있다는 것이 발언의 요지다.

그렇다. 그는 자신을 향해 뼈 있는 민원 글을 쓰는 공인회계사 친형 이재선을 눈엣가시라고 여겼다. 성남시장 공권력을 최대한 남용해 어떡하든 이재선을 정신병자로 몰아 정신병원에 강제 입원시키려던 사실이 재판 과정에서 판결로 확인되어 널리 알려지자 대선을 앞두고 자신의 위와 같은 낯부끄러운 행동을 비난할 가능성을 희석시키고자 다시 또 거짓말을 했다. 정당화할 사정이 있었다는 그럴듯한 거짓말로 국민들의 거부감을 누그러뜨릴 필요성을 강하게 느꼈을 것이다.

물론 그는 오래 전부터 자신의 행위를 정당화하기 위해 수많은 거짓말을 해 왔다. 게다가 2022년 대선이 코앞에 다가와 있지 않은가. 거짓 설명의 필요성이 절실했을 것이다.

긴급히 수사하라

이 사건은 사실 관계와 증거 관계가 아주 간단한 사건이다. 수사해야 할 내용도 매우 쉽고 간단하다. 지금껏 나는 이재명에 대해 위에서 언급했던 공직선거법 사건과 성남FC 뇌물죄 사건으로 몇 차례 고발했다. 검찰과 경찰이 제대로 수사하지 않고 뭉개고 있거나 터무니없는 이유로 무혐의(불송치) 처분했다.

수사 기관과 법원은 정치적 고려 없이 오로지 헌법과 법률에 근거한 양심의 명령에 따라 수사와 사건처리 및 재판을 해야 한다. 범죄수사학에서의 '돌 하나도 남기지 말고 뒤집어봐야 한다'는 원칙에 입각해 철저히 수사하면 그만이다. 그럼에도 불구하고 수사 기관은 물론 법원조차도 양심을 헌신짝처럼 내던져 버리기 일쑤다. 정치적 고려와 자의적 재판으로 사법 불신을 자초하고 있다.

새벽이 찾아오지 않는 밤은 없다. 반드시 밝은 아침이 찾아온다.

이번 집사부일체 프로그램이 이재명의 출생지이자 고향인 경북 안동시 예안면 인근에서 촬영되었기에 나는 그곳을 범행지로 지목했다. 따라서 나는 이 사건을 대구지방검찰청 안동지청에다 고발했다.

현 집권세력은 검찰개혁이라는 명분으로 검찰을 공중분해했다. 현재 수도권 검찰청에 근무하는 대부분의 검사들[52]은 현 집권세력인 청와대와 법무부 등이 갖고 있는 모든 권력과 수단을 총동원해 권력의 취향에 맞는 검사들을 배치하는 방법으로 현집권세력에 불리한 수사를 사실상 하지 못하도록 강력하게 가로막고 있다. 천부당만부당한 일이다. 나라의 장래가 심히 염려된다. 모쪼록 안동지청과 안동법원은 이 사건을 오로지 헌법과 법률에 근거한 양심의 명령에 따라 신속하게 수사와 처리를 하고, 법원도 양심에 거리낌 없는 재판으로 나라의 미래를 밝혀주길 간절히 바랐다.

하지만 2021년 10월 20일, 안동지청은 내가 고발한 사건을 수원지검으로 타관이송 했다.

---

52 대검찰청, 고등검찰청, 지방검찰청, 지청 포함하여 그 기관의 장과 소속 검사들 모두 포함.

가장 중요한 것은 진실

세상 대부분의 일이 그러하듯 목전에서 자신의 일로 경험하지 않은 이상, 모든 일은 남의 일이요, 재미삼아 하는 이야깃거리로 치부하는 경향이 있다. 이보다 슬픈 일이 어디 있을까. 방관자 효과이자 공모자 효과다.

고 이재선 씨의 사건은 방관자와 공모자들의 합작품이다.

곰곰이 생각해보면 이 사건은 심플하다. 맨 앞에서도 언급했듯 이 사건의 주범은 범상치 않은 인물이다. 유부남이면서 총각 행세를 하며 연예인과 무상연애를 하다가 줄행랑친 후 당사자를 수없이 모욕했다. 그런가 하면 '성모럴'을 지적하는 한 정당의 대변인을 모욕적인 폭언으로 쓰러지게 만들었다. 또한 검사 사칭까지 하면서 녹취한 후 그 녹취 당사자를 지자제 선거에서 낙마하게 한 장본인이다. 더 놀라운 사실은 낙마한 사람이 다름 아닌 같은 당 소속이다. 그렇게 그를 낙마시킨 후 그는 나중에 그 자리를 꿰찼다.

이재선은 그런 사람의 형이었다. 이재명이 입만 열면 음해하는 패륜아가 아닌, 정직하고 약속이행을 중시하는, 남다른 정의

감을 실천하며 사회의 모순에 당당히 맞선 사람이었다. 사달이 난 것은 이재명이 시장으로 있는 성남시청에 이재선이 민원 글을 올리면서였다. 그렇지만 이재선으로선 이재명 시장 때만 민원 글을 올린 것은 아니다. 이전의 오성수·김병량·이대엽 시장 때도 민원 글을 올렸다. 그렇다고 앞의 시장들은 이재선의 민원 글을 스크린 처리하거나 민원 글을 썼다고 비서를 시켜 협박하지는 않았다.

밟으면 밟혀져야 하는데 밟히지 않는 이재선이 불편했던 이재명은 그때부터 이재선에 대한 음모를 꾸미고 그야말로 영화 속 아수라 시장이 되어 갔다. 이재명에게 있어 권력은 그런 것이라 생각한 듯하다. 없던 죄도 만들고, 없던 병도 만들어 낼 수 있는. 이재선을 정신병자로 몰아가기 시작했다. 어머니를 포함하여 여러 남매는 똘똘 뭉쳐 절대 권력 이재명의 편을 들었다.

큰 권력 앞에 힘이 없던 이재선은 늪에 빠졌다. 안간힘을 쓰면 쓸수록 더 깊게 빠져드는 늪에. 빠져나오기가 쉽지 않았다.

굿바이, 이재명

겨우 겨우 두어 걸음 뗐다 싶으면 이재명은 온갖 패거리들을 동원해 인격살인을 가했다. 약 먹으라고. 정신병원에 가라고. 이재명 말대로 그토록 친형을 정신병원에 보내려던 일은 2년 6개월 후 40여 일간 이재선이 정신병원 신세를 지며 새로운 국면으로 접어든다. 말하자면 이재명에 의해 친형 이재선은 없던 병도 얻게 되어 마음을 치료해야 할 지경에 이른 것이다.

그리고 이재선의 정신병원 입원 사실은 이재명의 또 다른 먹잇감이 되었고, 끝내 자신의 억울함을 풀지 못한 채 폐암 4기를 선고받아 3개월 투병 끝에 삶의 자락을 놓아버렸다. 얼마나 억울하고 가슴 가득 한이 맺혔겠는가.

그래도 다행인 것은 이별 직전, 성남에 사는 누나로부터 들은 양심고백은 그의 삶을 놓는 날까지 그의 귓가를 맴돌지 않았을까.

"내가 없이 살아서 재명이한테 뭐라도 언어먹을 것이 있을까 싶어 재명이가 거짓말하는 걸 알고도 밝히지 못했어. 미안해.

용서해줘!"

    이재선은 잘못을 비는 누나를 눈물로 용서하고 이 세상과의 이별을 서둘렀다. 그리고 그의 죽음은 남은 가족에게 오래도록 화상火傷처럼 지워지지 않는 회한으로 남았다.
    이제는 공범자였던 우리가 그에게, 그의 가족에게 용서를 빌 차례다.

이재명 현상은 왜 생겼나

                 우리는 인격적 결함이 많은 사람을 연거푸 성남시장에 뽑아주었다. 도지사 선거 직전에 김부선 스캔들이 온 나라를 떠들썩하게 했음에도 아랑곳하지 않고 경기도지사 자리에도 앉게 했다. 나아가서 이토록 부도덕한 사람을 대권 후보로까지 만들었다. 실제로 이재명의 비리가 다 드러나지 않아서 그렇지 실로 그 비리는 어마어마할 거라 예상된다. 비리에 함께 가담하는 것으로 사람들은 스스로에게 면죄부를 주며 아무런 거리낌 없이 공범을 자처했을 수도 있다. 남들이 죽든 말든 자기에게 조금이라도 이득이 있다면 그것을 쫓아갔을 것이다.

더구나 세상을 보는 눈이 어떠한가. 이기적인 관점에서 보려는 현상이 만연하지 않은가. 선하게 보려는 관점이 아니라 자신에게 플러스 요인이 된다고 판단되면 앞뒤를 가리지 않고 쫓는다. 결국 이런 이재명 현상을 불러온 원達인은 우리의 교육에서 문제점을 찾을 수 있다. 사지선다四枝選多의 교육. 객관식 선택의 문제를 알아맞히는 교육을 하다 보니 사물의 이치를 탐구하는 교육이 이루어지지 않는다. 다만 피상적이고 단편적인 것을 보는 교육만 이루어질 뿐이다. 그런 점에서 사회 전반적으로 우리 교육 시스템은 재점검되어야 한다.

유대인들은 우리와 달리 근본 이치를 깨닫는 교육을 한다. 그들이 세계를 지배하는 이유가 교육의 힘에서 나온다고 해도 과언이 아니다. 그들은 사물의 이치를 깨닫기 위해 개개인이 피땀 흘리며 노력한다.

예를 들면 우리나라 사람들은 자녀들이 학교에서 돌아오면 대뜸 "선생님이 뭐라고 물으시던?", "뭘 배웠냐?"를 묻는다. 반면 유대인들은 자녀가 학교에 다녀오면 "수업을 듣고 무슨 생각이 들었니?", "무슨 질문을 했니?", "네 생각은 어떠니?" 등의 생각을 묻는 질문을 한다. 그걸 히브리어로 "마따호쉐프ㅁㅈㅁ ㅁㅁㅈ?"라고 한다. 말하자면 생각이나 견해를 묻는 것이다. 이처럼 유대인들은 자존감을 갖게 하는 생각을 하고 세상을 바라보는 교육을 하는 반면, 우리의 교육은 피동적으로 자신의 존재와 주체성을 강화시킬 수 없는 교육, 약화시키는 교육을 한다.

교육의 목적은 자립이어야 한다. 우리는 물어야 한다. 현재 우리나라 교육에서 자립의 교육을 하고 있는지를. 사물의 이치를 터득하고 적응하는 자립 생존 등의 이치를 터득하는 교육이 이루어져야 한다. 그런데 그런 세상의 이치를 모르는 많은 사람들이 변호사가 되고 판검사가 되기 때문에 오늘날 사법부가 엉

망이 되었다. 철학이나 정의감은 없고 모두 기교만 있다.

더 큰 문제는 권력이 정통성과 정당성을 가진 권력이어야 하는데 지금의 권력은 정통성과 정당성이 결여되었다. 그것을 덮기 위해 이상한 죄를 짓는다. 선거가 중요한 이유가 여기에 있다. 정통성을 갖고 정당성을 갖는 권력을 탄생시켜야 한다. 그런 정당성을 갖는 권력을 탄생시키기 위해서라도 우리는 반드시 이재명을 바로 보아야 한다. 아니, 이재선의 깊은 한을 풀어주고 명예를 회복시켜야 한다. 그것이 지금 우리가 한 사람의 삶을 죽음으로 몰았던 공범에서 벗어나는 길이다.

"행위에는 책임이 따른다"는 것을 일깨워야 한다. 공범자였기에 그 한을 풀어줄 의무도 우리에게 있다.

가장 중요한 것은 진실

나는 아직도 꿈을 꾼다. 이 나이에도 여전히 꿈을 꾸며 산다. 진실을 기반으로 정의를 세우겠다는 야무진 꿈. 언젠가 나와 같은 길을 가고 싶어 하는 후배들을 만난 적이 있다. 일명 '선배들과의 대화'였다. 그때 내가 그 자리에서 "나처럼 실패하지는 마라"라는 말을 했다. 그랬더니 후배들이 눈을 크게 뜨며 놀란 표정이었다. 그런 거였다. '나름 변호사 사회에서 잘나가는 분인데 왜 실패라는 말을 하냐'고 묻는 듯했다. "내가 뭔가를 달성하려는 꿈을 갖고 있었는데 그 꿈을 이루지 못했다. 그래서 내가 그 꿈을 이루지 못한 것에 대한 반성의 차원에서 그런 얘기를 한 것이다"라고 했더니 더러는 이해하고 더러는 덤덤해했다.

나는 '실패'는 겸손하지 못해 생기는 결과라고 생각한다. 예전에 정치9단 박지원 씨가 그런 얘기를 했다. '고개를 들면 망한다. 골프와 정치는 고개를 들면 망한다'고. 맞는 말이다. 그런데 생각해보니 고개를 들면 골프와 정치만 망하는 게 아니라 세상 모든 일은 고개를 빳빳하게 들면 망하게 돼 있다. 겸손해야 한다. 겸손하기 위해 나는 오늘도 스스로를 채찍질한다. 이재명도 마찬가지다. 진실 앞에 겸손해지길 바란다.

이재명은 유독 내로남불의 편차가 큰, 극단의 사람이다. 나는 이를 일컬어 '이로남불'이라 일컫는다. 충격적 사건이 일어나고 그 일이 수습되기도 전에 다른 사건이 터져 나올 만큼. 지금껏 그와 관련된 사건이 속 시원히 해결된 경우는 거의 없다. 특정 사건은 단지 새로운 다른 사건의 전격적 등장으로 잠잠해질 뿐이다. 이재명은 자신의 끝없는 사건들로 자신의 또 다른 사건들을 단숨에 덮어버리곤 했다.

그렇게 그는 권력을 위해 두 가지 요건만 충족되면 무슨 일이라도 할 사람이 아닌가 싶다.

첫째, 권력 강화

둘째, 물의가 일어나지 않는다면

해악이 너무 크다. 성남시장과 도지사를 하면서도 그 해악이 얼마나 컸나. 그런데 대통령이 된다? 그 해악은 이루 말할 수 없을 것이다. 그러니 그 해악을 미연에 방지해야 하지 않겠나. 참

회할 수 있고 용서를 받을 수 있는 기회를 만들어 줘야 한다. 그것이 바로 우리 국민의 선택이다.

아슬아슬한 삶의 기록들은 뜻하지 않은 곳에서 허망하게 열리게 마련이다. 자신에게는 블랙박스일지 모르지만 그것을 지켜보는 정의로운 사람들 눈에는 흡사 판도라 상자가 될 수 있다. 반드시 그 문을 열어젖혀야 한다.

지금 나는 변호사로 또는 한 사람의 고발인을 뛰어넘어 그 어느 때보다 어려운 시기의 대한민국 역사 앞에 서 있다. 부디, 우리 모두 용기를 내 현명한 선택으로 이 어려운 시기를 함께 통과할 수 있는 지혜를 발휘하길 간절히 바란다.

이재선의
정신병원 강제 입원
발단과 전개

2010년 6월, 성남시장 당선인 신분으로 '성남시 신청사를 민간에 매각하겠다'라고 나선 이재명.

2010년 7월, 뜬금없는 성남시 모라토리엄 선언. 이재선, 성남시에 비판 글 올리며 부당성을 지적. 파급이 커지자 글을 내리고 민원 글 올리기를 중단. 1년 6개월 동안.

2012년 2월, 성남시의 '가짜 집회' 보도와 '임기가 남은 단체장을 쫓아낸 것'에 다시 민원 글 올린 이재선.

2012년 4월, 대장동 개발에 대한 생각이 180도 바뀐 이재명, 2005년에는 도시환경 파괴라며 개발을 극구 반대하다가 2012년에 돌변해 대장동 개발에 박차를 가하다. 개발에 들어가면서 성남시가 5000억 원의 개발이익 효과를 냈다며 플래카드를 걸고 대대적인 홍보를 했지만, 근거를 내놓지 못한 이재명.

2012년 4월경, 이재선에 대한 정신병원 강제 입원 음모 작당 추정.

2012년 5월, 성남시에 대한 이재선 민원 글 78개가 사라지다.
2012년 5월, 이재명의 수행비서 백종선, 이재선에 대한 협박 시작.
하루에 전화, 문자 메시지, 음성 메시지 등 107통 보내 협박하는 백종선을 말려줄 것을 이재명과 김혜경에게 도움 요청하는 이재선과 박인복.
연락이 없는 이재명과 김혜경.

2012년 5월 28일, 이재명과 연락하기 위해 어머니 집을 방문한 이재선.
어머니 도움으로 이재명과 통화, 통화 중 이재선은 어머니 집으로 이재명을 오게 하기 위해 "안 오면 집에 불싸지른다"라는 말을 함.
그날 밤부터 이재선을 '정신병자'로 몰아가는 이재명. 시도 때도 없이 문자하고 전화를 함.

느닷없이 소환된 2006년경의 5000만 원 건. 어머니와 이재선의 공동명의로 신탁되었던 돈을 어머니께 빌려 쓰기 위해 요청한 이재선. 하지만 공동명의로 신탁된 돈이 이재선의 승낙도 없이 이재명이 꺼내 씀. 이를 서운하게 여긴 이재선. 그게 전부임. 하지만 이재명은 이 건을 이재선의 패륜 행위로 몰아감.

2012년 5월 29일, 이재명은 작정이라도 한 듯 이재선을 향해 끝없이 조롱하고 화를 돋움. 열흘 넘게 밤 12시부터 새벽 2시 사이 이재선에게 전화함. 새벽 6시 30분에는 문자를 보내고 오전 7시 30분경에는 전화를 함. 하루에 45통의 전화와 문자를 보냄.

2012년 5월 말경, 김혜경 이재선의 딸 이주영에게 전화해 "너네 아버지는 미쳤다"고 말함.
2012년 5월 말경, 어느 기자의 제보. 이재선을 정신병원에 입원시키려한다는.

2012년 6월 5일, 이재선·박인복 부부와 김혜경이 '문향' 찻집에서 만나 화해를 함. 그 자리에서 이재선은 푸념 섞인 말로 "내가 나온 구멍을 칼로 쑤시고 싶은 기분~~~"이란 말을 함. 이 말은 또 다른 사달을 만들어 냄. 집으로 돌아간 김혜경이 이재명에게 전달함. 그날 밤부터 다시 시작된 이재명의 협박 전화.

2012년 6월 초, 김혜경이 이주영에게 전화해 "내가 여태까지 니네 아빠 강제 입원, 내가 말렸거든. 니네 작은 아빠 하는 거. 너, 너 때문인 줄 알아라. 알았어?"라는 말을 함.

2012년 6월 7일경, 이재명의 협박 전화를 녹음한 박인복. 이때의 녹음 내용이 시중에 돌고 있는 "쌍욕 녹음 파일"임.
이후 이재명, 김혜경, 백종선의 문자 협박이 이어짐.

2012년 7월 15일, 이재선·박인복 부부 어머니께 도움 요청을 위해 어머니 댁 방문. 그 자리에서 이재선에 대한 음해 글을 올린 동생 이재문을 만남. 이재문이 먼저 몸싸움을 걸어와 이재선은 방어를 했고, 그 사이 박인복과 이재옥은 둘의 싸움을 말림. 어머니와 함께 사위는 잽싸게 현관쪽으로 피함. 모두가 나가버려 둘만 남게 된 이재선과 박인복도 자기 집으로 돌아옴.
2012년 7월 15일, 밤 9시 30분경. 이재선, 존속폭행 현행범으로 중원경찰서에 연행됨. 이 건으로 약식 명령을 받는 이재선.

2012년 7월 18일, 이재선 사무실 근처에 '홀로된 팔순 노모에게 폭언과 폭행을 자행한 공인회계사 이재선의 패륜적인 행동을 규탄한다'는 현수막이 걸림.

2012년 7월 20일, 이재선에게 성남법원으로부터 2012년 9월 19일까지 어머니 집 100미터 이내 접근 금지를 명한다"는 주문의 임시조치결정이 내려짐.

2012년 7월 25일, 어머니 집 100미터 이내 접근 금지 통보를 받아 든 이재선. 2012년 5월 28일, 승강기 앞까지 배웅하며 "잘가라 아들아"라고 하던 어머니의 법적 조치에 충격 받은 이재선과 박인복.

2012년 8월경, 한국공인회계사회 정문에서 "노모를 폭행한 이재선 회계사를 규탄한다"는 구호를 외치며 소란을 피우는 단체 등장. 인터넷도 이재선과 박인복에 대한 음해 글로 도배가 됨.

2013년 1월 9일, 이주영은 아버지 이재선을 대신해 처벌불원서를 받기 위해 할머니 구호명을 찾아감. "못해 준다"는 구호명과 이를 전해들은 이재명이 공무원 2명을 구호명의 집으로 보냄. 쫓겨나다시피 할머니 집을 나온 이주영.

2013년 3월 16일, 온갖 음해로 좀체 잠을 이루지 못하던 이재선, 졸음운전을 하다 중앙선을 침범하는 교통사고를 일으켜 전치 12주 진단. 이후 2014년 8월까지 1년 반 정도 치료에만 전념.

2014년 8월 16일, 이재명의 느닷없는 문자를 받은 이재선. 동생 이재옥이 사망함. 이를 이재선 때문이라고 온갖 욕설을 퍼붓는 이재명. 교통사고 후유증과 이재옥의 사망으로 큰 충격을 받음.

2014년 11월 21일, 국립부곡병원에 약 40여 일간 입원하는 이재선. 퇴원 후 1년 넘게 통원 치료를 받으며 SNS를 하지 않음.

2016년 10월 하순경, 다시 페이스북을 하는 이재선. 거기에서 자신의 정신병원 입원 경력을 이용하는 이재명의 글을 보고 다시 또 상처 받는 이재선.

2017년 1월 3일, 국회 정론관에서 이재선의 입원 경력 서류를 들고 기자회견하는 이재명. 자신이 이재선을 정신병원에 강제로 입원시키려던 것이 아니라, 그의 가족이 정신병원에 입원시켰다는 내용. 이재명이 이재선을 정신병원에 강제 입원시키려던 시점은 2012년 4~5월경, 이재선이 병원에 입원한 것은 2014년 11월로 2년 6개월의 격차가 있음.
2017년 9월경, 이재선 폐암 4기 진단.
2017년 11월 2일, 이재선 사망.

굿바이, 이재명

발행일   2021년 12월 24일 초판 1쇄
             2022년 1월 12일 초판 8쇄

지은이   장영하
기획   플로우북스
책임편집   박지영
발행인   김용성
발행처   지우출판

주소   서울시 동대문구 휘경로 2길 3, 4층
전화   (02) 962-9154
팩스   (02) 962-9156
이메일   lawnbook@naver.com
등록   2003년 8월 19일(신고 제9-118)

ISBN 978-89-91622-86-9 (03300)